中國第一歷史檔案館

明清宫藏中西商貿檔案（七）

道光二十三年起
同　治　朝　止

中國檔案出版社

目录

第七册

七三九　欽差大臣兩江總督耆英奏折
米利堅等國通商章程業經議定(道光二十三年九月初六日)……三七八三
七四〇　欽差大臣耆英奉上諭
粤海關辦公無資著暫停年貢一二年(道光二十三年九月十六日)……三七九三
七四一　欽差兩江總督耆英奏折
準令英人在五口租房租地於指定地段行走貿易(道光二十三年九月十六日)……三七九六
七四二　欽差兩江總督耆英奏折
大西洋意大裏亞國通商章程議定(道光二十三年九月二十二日)……三八〇二
七四三　欽差大臣耆英奉上諭
著照所議妥辦米利堅等國通商章程但進京瞻覲之請斷不可行(道光二十三年九二十四日)……三八一四
七四四　欽差大臣耆英奉上諭
著酌定善後條約惟香港通市一節再行悉心妥議具奏(道光二十三年九月二十四日)……三八一七
七四五　軍機大臣穆彰阿奏折
遵旨速議酌定善後條約(道光二十三年九月二十四日)……三八一九
七四六　兩江總督耆英奉上諭
五口通市事屬創行著各海口嚴行稽查偷漏(道光二十三年十月二十二日)……三八三九
七四七　兩廣總督祁𡊮奉上諭
著設九龍巡檢稽查所有赴香港船隻(道光二十三年十月二十二日)……三八四二
七四八　軍機大臣穆彰阿奏折
遵議大西洋意大裏亞國通商章程(道光二十三年十二月初三日)……三八四六

七四九　粵海關監督文豐奏折
報告徵收關稅總數(道光二十四年二月二十九日)……三八五四
七五〇　粵海關監督文豐奏折
報告粵海關關稅盈餘銀數及上海厦門寧波三口徵收數目(道光二十四年五月二十五日)……三八五八
七五一　兩廣總督耆英奏折
體察澳夷實在情形(道光二十四年七月初二日)……三八六五
七五二　兩廣總督耆英奏折
法公使請減丁香及酒稅并準其所請(道光二十四年九月二十一日)……三八七三
七五三　軍機大臣穆彰阿奏折
遵議酌定法國通商章程(道光二十四年十月三十日)……三八七六
七五四　粵海關監督文豐奏折
報告徵收關稅總數(道光二十五年二月二十八日)……三八九〇
七五五　兩江總督耆英奏折
遵旨妥辦粵東民夷各項事宜(道光二十六年三月三十日)……三八九四
七五六　粵海關監督基溥奏折
請俟一二年酌定稅額後再行備辦貢品(道光二十六年)……三九一一
七五七　粵海關監督基溥奏折
報粵海關并福州等四關徵稅總數(道光二十七年二月初一日)……三九一四
七五八　兩江總督耆英奉上諭
英兵突入省河著嚴密防堵(道光二十七年三月初七日)……三九二〇
七五九　兩江總督耆英奏折
英船突入省河現在酌辦情形(道光二十七年三月初七日)……三九二二
七六〇　粵海關監督基溥奏折
粵海關徵收稅銀總數并福州等四關現報數目(道光二十八年二月初九日)……三九三〇
七六一　粵海關監督基溥奏折
粵海關比較上年少收稅課緣由(道光二十八年二月初九日)……三九三五

七六二　粵海關監督基溥奏折
報告關税收支實數及福州等四關徵收數目(道光二十八年五月初一日)……三九三八
七六三　粵海關監督基溥奏折
粵海關徵税總數并福州等四關現報數目(道光二十九年二月十二日)……三九四五
七六四　粵海關監督基溥奏折
粵海關收支實數及福州等四關徵收數目(道光二十九年閏四月初六日)……三九五〇
七六五　兩廣總督徐廣縉奏折
酌移澳門税口(道光二十九年閏四月初七日)……三九五八
七六六　粵海關監督基溥奏折
交代關庫錢糧并回京起程日期(道光二十九年閏四月初十日)……三九六六
七六七　兩廣總督徐廣縉奉上諭
著準所議將澳門税口移至黄埔(道光二十九年五月初九日)……三九六九
七六八　粵海關監督明善奏折
接收交代關庫現存各款銀兩盤核數目相符(道光二十九年五月十八日)……三九七一
七六九　粵海關監督明善奏折
解交造辦處備貢銀兩應否隨解加平銀(道光二十九年五月十八日)……三九七六
七七〇　兩廣總督徐廣縉奏折
夷情静謐民氣恬熙(道光二十九年十二月十八日)……三九七八
七七一　粵海關監督明善奏折
粵海關税銀徵收總數并福州等四關現報數目(道光二十九年十二月二十一日)……三九八二
七七二　粵海關監督明善奏折
粵海關税銀收支實數及福州等四關徵收數目(道光三十年三月二十五日)……三九八九
七七三　粵海關監督曾維奏折
粵海關税銀徵收總數并福州等四關徵收數目(道光三十年十二月二十一日)……三九九八
七七四　江蘇巡撫傅繩勛奏折
報告江海關徵收西洋各國税鈔(咸豐元年二月二十七日)……四〇〇四

七七五　粵海關監督曾維奏折
報告關税收支數目(咸豐元年四月初一日)……四〇〇九
七七六　粵海關監督曾維奏折
澳門税口移至黄埔長洲稽查税務應改由粵海關派員(咸豐元年五月初七日)……四〇一七
七七七　粵海關監督曾維奏折
報告關税收支數目(咸豐三年三月初二日)……四〇二一
七七八　兩廣總督葉名琛奉上諭
著妥爲籌辦廣東米價等事(咸豐三年十一月十八日)……四〇二八
七七九　粵海關監督曾維奏折
報告關税收支數目(咸豐三年十一月十九日)……四〇三〇
七八〇　兩廣總督葉名琛奉上諭
著廣東采買洋米以資接濟京倉(咸豐四年正月二十四日)……四〇三六
七八一　粵海關監督曾維奏折
粵海關收支實數及福州等四關徵收數目(咸豐四年三月初九日)……四〇三九
七八二　兩江總督怡良奉上諭
著爲保全税務與英人交涉要據理力争(咸豐四年九月十八日)……四〇四八
七八三　粵海關監督曾維奏折
大關徵收總數及各口税數未能一并奏報緣由(咸豐四年十一月十九日)……四〇五一
七八四　粵海關監督恒祺奏折
報告關税收支數目(咸豐五年十月二十四日)……四〇五六
七八五　兩廣總督葉名琛奉上諭
著體察情形對美英欲求更改條約妥爲駕馭(咸豐六年二月十八日)……四〇六二
七八六　粵海關監督恒祺奏折
報告關税收支數目(咸豐六年五月二十二日)……四〇六六
七八七　粵海關監督恒祺奏折
報告關税收支數目(咸豐六年十一月初一日)……四〇七三

七八八　粵海關監督恒祺奏折
　　軍務之際華商停止貿易大關停徵(咸豐六年十一月初一日)……四〇七七
七八九　兩廣總督葉名琛奏折
　　請粵海關監督恒祺再留一年(咸豐七年五月二十四日)……四〇七八
七九〇　粵海關監督恒祺奏折
　　報告關稅收支數目(咸豐七年八月初二日)……四〇八〇
七九一　署理兩廣總督柏貴奉上諭
　　著相度機宜先行辦理英人竄入廣東省城事(咸豐七年十二月十八日)……四〇八八
七九二　署理兩廣總督柏貴奉上諭
　　著激勵粵東紳民重創英夷使其退出省城(咸豐八年正月初二日)……四〇九三
七九三　欽差大臣兩廣總督黄宗漢奉上諭
　　著到任後與英國交涉宜剛柔并用相機辦理(咸豐八年二月二十二日)……四〇九七
七九四　署理兩廣總督柏貴奉上諭
　　著暫準英國等先行通商(咸豐八年三月二十六日)……四一〇一
七九五　英法美各國商約條款準駁清單
　　(咸豐八年四月)……四一〇五
七九六　粵海關監督恒祺奏折
　　粵東通商後關稅停徵相機籌辦開徵事宜(咸豐八年七月十五日)……四一一二
七九七　英國領事致大學士桂良照會
　　兩廣總督黄宗漢辦事失當應裁撤(咸豐八年九月初三日)……四一一六
七九八　大學士桂良致英國領事照會
　　已參革兩廣總督黄宗漢并擬撤廣東團練(咸豐八年九月初四日)……四一一八
七九九　大學士桂良奏折
　　與英人商定和約因廣東之事棘手難行(咸豐八年九月十五日)……四一二〇
八〇〇　粵海關監督恒祺奏折
　　報告關稅收支數目(咸豐八年十一月初十日)……四一二五

八〇一　粤海關監督恒祺奏折
大局漸定粤海關恢復徵税(咸豐八年十一月初十日)……四一三一
八〇二　大學士桂良奏折
接英國照會因未撤兩廣總督及三紳局而憤憤不平(咸豐八年十二月二十六日)……四一三六
八〇三　英國領事致大學士桂良照會
兩廣總督及紳局尚未查辦擬督軍懲辦(咸豐八年十二月二十六日)……四一三七
八〇四　廣東巡撫柏貴奉上諭
著核實粤海關徵税數目報部并嚴禁漏税(咸豐九年正月二十四日)……四一四〇
八〇五　粤海關監督恒祺奏折
報告關税收支數目(咸豐九年五月十一日)……四一四二
八〇六　署理兩廣總督勞崇光奏折
粤海關尚未開辦鴉片徵税事宜(咸豐九年七月二十六日)……四一五一
八〇七　粤海關監督恒祺奏折
報告關税收支數目(咸豐九年九月二十八日)……四一五五
八〇八　署理兩廣總督勞崇光奏折
粤海關仿照上海辦法由英人李泰國任税務司稽查走私(咸豐九年十一月二十八日)……四一六二
八〇九　兩廣總督勞崇光奏折
美國船鈔已照新章開辦英法要求一體均沾(咸豐九年十二月十四日)……四一六五
八一〇　河南道御使楊榮緒奏折
粤東匪徒在省城西關黄埔香山等地招買人口出洋請懲治(咸豐十年閏三月初二日)……四一六七
八一一　廣東巡撫耆齡奉上諭
粤省匪徒拐掠良民販賣出洋著查明懲辦(咸豐十年閏三月初二日)……四一六九
八一二　廣東巡撫耆齡奉上諭
著擬籌廣東軍餉宜體察情形妥爲收放(咸豐十年閏三月初五日)……四一七一
八一三　内閣奉上諭
著廣東督撫飭催粤海關應交内務府銀兩解京(咸豐十年四月十五日)……四一七四

八一四　廣東巡撫耆齡奏折
粤海關收支數目并籌辦省城夷務(咸豐十年四月二十五日)……四一七六
八一五　廣東巡撫耆齡奏折
洋人在廣東省城及澳門等地設館招工誘拐人口(咸豐十年四月二十五日)……四一八六
八一六　英吉利和約專條
(咸豐十年五月十四日)……四一九一
八一七　廣東巡撫耆齡奉上諭
著即查明法美等國在粤海關提取税銀存記(咸豐十年五月十五日)……四一九五
八一八　粤海關監督毓清奏折
報告關税收支實數及福州等關徵銀數目(咸豐十年六月十七日)……四一九八
八一九　粤海關監督毓清奏折
報告大關徵收總數并福州厦門海關現報徵收數目(咸豐十年八月二十六日)……四二〇四
八二〇　粤海關監督毓清奏折
報告撥解關税數目(咸豐十年八月二十六日)……四二〇八
八二一　恭親王奕訢奉上諭
著發給英人李泰國執照令其督辦各口通商事務(咸豐十年十二月初六日)……四二一〇
八二二　内閣奉上諭
著京師設立總理各國通商事務衙門(咸豐十年十二月初十日)……四二一二
八二三　總理衙門奉上諭
所請由廣東上海派識外語人等之事著悉心妥議(咸豐十年十二月初十日)……四二一五
八二四　英國公使致總理衙門照會
恭賀總理衙門成立(咸豐十一年正月初九日)……四二一八
八二五　福建道監察御使許其光奏折
法人租占廣東藩司衙署民情不安請飭議和大臣另籌核辦(咸豐十一年三月二十三日)……四二二〇
八二六　總理衙門奏折
遵查法國租住廣東藩署事宜(咸豐十一年四月初二日)……四二二四

八二七　兩廣總督勞崇光奉上諭
著查明廣東惠潮嘉道不令英人進城開辦通商(咸豐十一年五月初四日)……四二三一
八二八　總理衙門奏折
通商事務當諭酌辦(咸豐十一年五月初十日)……四二三四
八二九　總理衙門奉上諭
著悉心酌擬新開各口關税章程(咸豐十一年五月十二日)……四二三七
八三〇　總理衙門奏折
籌議赫德所擬長江廣東等處通商關税辦法章程(咸豐十一年五月三十日)……四二三九
八三一　海關總税務司赫德禀文
關於長江一帶通商之論(咸豐十一年五月三十日)……四二五二
八三二　海關總税務司赫德禀文
關於外國船載運土貨往來之論(咸豐十一年五月三十日)……四二五八
八三三　海關總税務司赫德禀文
關於鹽餉之論(咸豐十一年五月三十日)……四二六三
八三四　海關總税務司赫德禀文
通商各口徵税清單(咸豐十一年五月三十日)……四二六六
八三五　海關總税務司赫德禀文
通商各口每年應收洋税銀兩數目清單(咸豐十一年五月三十日)……四二七六
八三六　海關總税務司赫德禀文
粤海關徵收洋藥税之難處(咸豐十一年五月三十日)……四二八二
八三七　海關總税務司赫德禀文
粤海關茶葉税餉弊端(咸豐十一年五月三十日)……四二八四
八三八　總理衙門奉上諭
著酌情妥議洋藥抽税章程(咸豐十一年五月三十日)……四二八七
八三九　江蘇巡撫薛煥奉上諭
著詳查總税務司所遞關税辦法清單(咸豐十一年五月三十日)……四二九〇

八四〇　總理衙門奏折
商定各口税章擬令前粤海關監督恒祺進總署辦事(咸豐十一年八月十九日)……四二九五
八四一　兩廣總督勞崇光奏折
英領事館暫時租住廣東將軍衙門(咸豐十一年十月二十一日)……四二九七
八四二　粤海關監督毓清奏折
報告大關及潮州新關徵收税銀數目(同治元年閏八月二十八日)……四三〇〇
八四三　粤海關監督毓清奏折
補報咸豐九年收支税數(同治元年十二月初八日)……四三〇三
八四四　粤海關監督毓清奏折
報告大關及潮州新關徵收關税總數(同治二年九月十六日)……四三〇九
八四五　粤海關監督毓清奏折
報告大關及潮州新關徵收洋藥税銀及扣還英法賠款(同治二年九月十六日)……四三一二
八四六　兩廣總督毛鴻賓奉上諭
著即查辦劣紳勾通外國勒還巨款并收回印票以杜後患(同治二年十二月十四日)……四三一四
八四七　兩廣總督毛鴻賓奉上諭
著將粤海關應解廣儲司銀兩仍如數解交内務府兑收(同治三年正月初八日)……四三一七
八四八　粤海關監督毓清奏折
補報咸豐十年粤海關潮州新關收支税總數(同治三年十二月初八日)……四三二〇
八四九　粤海關監督毓清奏折
咸豐十一年份大關并潮州新關收支總數(同治三年十二月十八日)……四三二九
八五〇　粤海關監督毓清奏折
同治元年大關并潮州新關洋税收支總數(同治四年正月二十日)……四三三五
八五一　粤海關監督師曾奏折
補報同治二年份大關并潮州新關洋税收支總數(同治四年四月二十八日)……四三四二
八五二　粤海關監督師曾奏折
補報同治三年份大關并潮州新關洋税收支總數(同治四年五月初九日)……四三四九

八五三　粵海關監督師曾奏折
同治四年份大關潮州新關及各口徵收常税總數(同治四年八月初一日)……………………四三五六
八五四　粵海關監督師曾奏折
同治四年份大關并潮州新關洋税收支總數(同治四年十二月十九日)……………………四三六一
八五五　福州浙江廣東等各督撫奉上諭
著各直省關口應解内務府銀兩及添撥各鹽課銀兩速解内廷應用(同治五年三月初二日)……四三六九
八五六　廣州將軍瑞麟奉上諭
著將粵海關積欠廣儲司銀兩設法代解(同治五年四月二十九日)……………………四三七三
八五七　内閣奉上諭
著廣州將軍瑞麟嚴查粵海關收税銀數與該關奏報懸殊事(同治五年六月十九日)…………四三七六
八五八　粵海關監督師曾奏折
粵海關潮州新關徵收同治五年份常税總數(同治五年七月初二日)……………………四三七九
八五九　粵海關監督師曾奏折
補報同治元年份粵海關潮州新關收支常税數目(同治六年三月二十二日)………………四三八三
八六〇　兩廣總督瑞麟奏折
粵東海口設廠專抽洋藥厘金(同治八年十月初一日)……………………………四三八八
八六一　署理兩江總督兼署通商大臣張樹聲奏折
華民在澳門被拐出洋由日本横濱全數帶回(同治十一年十二月十九日)………………四三九三
八六二　葡國欽差大臣澳門總督啫哪略致總理衙門照會
毋得由澳招工出洋(同治十二年十一月初十日)……………………………………四三九九
八六三　内務府造辦處奏折
粵海關解到同治十二年冬季金兩遵旨交進(同治朝)……………………………四四〇二

七三九　欽差大臣兩江總督耆英奏折

米利堅等國通商章程業經議定（道光二十三年九月初六日）

臣耆英　臣程矞采
臣祁𡎴　臣文豐跪

奏爲咪唎㗎等國通商章程業經議定恭摺由驛

馳奏仰祈

聖鑒事竊照咪唎㗎等國呈請查照新定章程通商

一案臣等前因咪唎㗎夷目咖呢業已回國僅

有代理領事名啌者在粤管理貿易又咈蘭哂

夷目嗊㖅噫因另有夷目啦㘆嚟咚指爲冒充

真假莫辨均未便即與定議當將大畧情形先

行奏蒙

七三九　欽差大臣兩江總督耆英奏折　米利堅等國通商章程業經議定（道光二十三年九月初六日）

聖鑒在案旋據委員查報咪唎㗔新派夷目嗝吐業
已到粵啦哋嚎咚實係咈囒哂夷目其嗔嘁噫
業已回國訪詢久在粵東貿易夷人衆口僉同
臣等復加確查無異即據嗝吐啦哋嚎咚先後
請見前來臣等伏查向來各國夷目稟請事件
皆由洋商通事傳諭遵照並不傳見情睽勢隔
各該夷每以不能自達爲恨事現當更改章程
之際若不傳見與之當面要約必仍多所疑慮
反復不定殊非撫馭之道因先飭黄恩彤咸齡

與之接見情詞極為恭順適臣程裔采辦理文
闈監臨臣文豐督徵稅餉不克分身臣耆英祁
墳督同黄恩彤等於城外公所分别傳見據咪
唎嘡夷目嗝吐回稱該國商人仰蒙
大皇帝一視同仁准照新例在五口通商納稅惠及
遠人感激無既該國酋長派伊居住廣東管理
各口貿易事宜惟求
天朝大憲格外體恤相待以禮該國酋長已另派使
臣來粵請文進京瞻覲

七三九 欽差大臣兩江總督耆英奏折

米利堅等國通商章程業經議定（道光二十三年九月初六日）

天顔藉伸仰慕之忱海上風信靡常不知何時可到

臣等告以該國遠涉前來惟為貿易廣州早已

開市其餘各口亦次第通商一切事宜係奉

大皇帝欽派大臣來粤會同總督巡撫監督籌辦如

有所言應即據實稟陳聽候酌奪且該國素來

恭順久邀

大皇帝聖鑒必蒙曲加體恤該國到粤已歷重洋七

萬餘里再由粤赴京往返程途又在一萬里以

外必不忍令該國使臣紆道進京致滋勞費即

七三九　欽差大臣兩江總督耆英奏折
米利堅等國通商章程業經議定（道光二十三年九月初六日）

使為貿易之事進京亦必奉
大皇帝諭旨發回覈議徒勞跋涉該夷目應即迅速
阻止仍當代為奏
聞至該夷目寄居中華管理各口貿易果能約束商
人公平交易照例輸税不稍偷漏自當行知各
口以禮相待斷不使有苦累該夷目答稱並不
敢妄有干求容即稟知使臣阻止進京但一時
未能即接使臣回信伊不敢定設將來使臣仍
來粤中

七三九　欽差大臣兩江總督耆英奏折

米利堅等國通商章程業經議定
（道光二十三年九月初六日）

欽差大臣又已起程即當具禀粤省大憲聽候示遵
其咈嘸哂夷目啦吔嗲咚惟求准其前赴五口
查照新定章程完税貿易並稱前此嗔喴噫假
充領事擅遞單禀冒瀆尊嚴伊必禀知國王嚴
行查辦臣等當即宣布
皇恩准其前赴各口一律通商並諭以嗔喴噫前遞
單禀尚無違背字句該夷目既將投文之吵喱
斥革嗔喴噫又已回國
天朝為政寛大斷不計較倘此後另有假冒之人不

能再有遷就並各給以茶食重申禁令止准在
五口貿易租房居住不准駛往他處一切章程
悉照噗咭唎辦理該夷目等悉皆懽欣鼓舞而
去另有嘡啵吅國船一隻荷蘭國船二隻進口
俱係商人並無夷目隨同各國遵照新例交易
均極安靜其呂宋等國貨船尚未到粤各該國
船數無多來否不定其來時亦衹能隨衆貿易
毋庸另議至咪唎嚁前請將洋參鉛斤稅銀酌
減一節臣等因稅則初定未便朝令暮改致啓

七三九　欽差大臣兩江總督耆英奏折
米利堅等國通商章程業經議定
(道光二十三年九月初六日)

弊端且通商為安邊大計誠如
訓諭總要籌及大者遠者不可僅顧目前致貽口實
適據該夷目呈稱洋參等第上下不齊覈實抽
驗每百斤實止上等洋參二十斤惟求驗貨抽
税各夷商方不致有虧本之虞不敢請改定例
此後亦不敢再有干求臣等查按貨抽税本應
辨貨之高下視價之貴賤以定税則據請查照
來貨覈實驗明照新例抽税洵屬情理兩得於
國計既無增損夷情亦可永久相安業已批允飭

七三九　欽差大臣兩江總督耆英奏折
米利堅等國通商章程業經議定
(道光二十三年九月初六日)

遵其鉛斤一項來數無多應毋庸置議所有咪
唎㗊等國通商事宜業已定議緣由臣等謹合
詞恭摺馳
奏伏乞
皇上聖鑒再尚有大西洋之意大里亞國向在澳門
貿易本與咪唎㗊等國章程不同現請改照新
章情節稍繁容臣等另摺具奏謹
奏
另有旨

七三九　欽差大臣兩江總督耆英奏折
米利堅等國通商章程業經議定
（道光二十三年九月初六日）

道光二十三年九月　初六　日

七四〇　欽差大臣耆英奉上諭粵海關辦公無資著暫停年貢一二年
（道光二十三年九月十六日）

軍機大臣　字寄

欽差大臣耆　兩廣總督祁　廣東巡撫程　傳諭

粵海關監督文豐　道光二十三年九月十六

日奉

上諭耆英等奏粵海關裁費歸公實在情形分別籌

辦一摺覽奏均悉前因通商案內議裁浮費粵海

關辦公無資請將辦貢備貢參價三項於額外盈

餘銀兩内開銷當由該部議令該監督自行籌辦

七四〇　欽差大臣耆英奉上諭

粵海關辦公無資著暫停年貢一二年

（道光二十三年九月十六日）

該據奏請將辦貢備貢二款仍照原議於額外盈餘
銀兩內開銷任土作貢歲有常經若取資於官項
自本年年貢為始
數與獻忱之義殊未允協現既無款籌辦著將應
每年三次貢物暫行
進貢品停止俟一二年後再行察看情形奏明辦理
如有應需何項物件聽候隨時傳辦作正開銷至
參斤變價據奏請照舊招商變售惟銷不足數仍
請動支額外盈餘補足之處是以公項抵作變價
亦於事理不合並著該大臣等再行妥議具奏將

此諭令知之欽此遵
旨寄信前來

七四〇　欽差大臣耆英奉上諭

粵海關辦公無資著暫停年貢一二年
(道光二十三年九月十六日)

七四一　欽差兩江總督耆英奏折

準令英人在五口租房租地於指定地段行走貿易（道光二十三年九月十六日）

臣祁𡎴
臣耆英跪
臣程矞采

奏再前據啖夷呈請向各洋行租賃棧房居住即
經臣等允其所請附片具奏欽奉
硃批妥為料理萬勿別生事端欽此仰見
聖慮周詳預防未然之至意伏查從前各國在廣州
貿易係由洋行建蓋房屋租給居住上年啖夷
在江南就撫時本請在五口任其自擇基地建
造夷館臣耆英因內地港口非澳門香港係屬
海島可比且該夷所欲住之地皆係市廛斷難

任其自擇堅持未許該酋行至上海寧波又隨
意混指各該地方官悉皆置之不理迨來粵東
適有匪徒焚燒洋行及錢江造言生事之案該
酋復藉為口實欲在黃埔建屋臣耆英到粵後
會督黃恩彤等反覆開導告以内地房基皆係
民間用價置買完納錢糧雖
大皇帝亦不肯將民産作為官地徑行建造致令失
所爾等寄寓中土若不問何人之地擅自揀擇
造屋直是與民為難並非前來貿易中華百姓

七四一 欽差兩江總督耆英奏折

準令英人在五口租房租地於指定地段行走貿易（道光二十三年九月十六日）

不知凡幾沿海四省羣起而攻從此爭端又起
與爾等有何利益至焚燒洋行匪徒及造謠生
事之人均已拏辦只須約束夷人勿稍恃强滋
擾中華百姓與爾買賣來往亦屬有利可圖斷
不肯恃衆欺凌自絕衣食且建蓋夷館所費甚
鉅五口同時並舉談何容易自應由中華地方
官會同該夷目各就地方民情議定在何地用
何項房屋或基地租給居住倘造華民不許勒
索該夷不許强租方能永久相安廣州原有洋

七四一 欽差兩江總督耆英奏折

准令英人在五口租房租地於指定地段行走貿易(道光二十三年九月十六日)

行棧房儘可試行租賃該夷始就範圍不敢堅執自行擇地之説數月以來華夷相安甚為靖謐現在已將止准在五口租房租地並由地方官指定地段准其行走貿易不許踰越尺寸列入善後條約以杜衅端臣耆英復因所定條約係用照會與嘆㖿喳往返商定並未面約其派往各口之夷目亦未與聞誠恐各該夷於到口後又生異議隨照會嘆㖿喳令其帶同各夷目囉咱㖿等共二十四人於八月十五日前來虎

七四一 欽差兩江總督耆英奏折

準令英人在五口租房租地於指定地段行走貿易(道光二十三年九月十六日)

門臣耆英與黃恩彤咸齡親身至彼當衆邀約

堅定各該夷同聲感頌

大皇帝恩典誓不敢稍有違背體察情形尚屬真切

並據另文照會已派夷目哱呔啷在廣州呢哩

咘赴廈門吧𠹭嚹赴上海管理各該處貿易事

宜約束夷衆其寧波地方本已派定囉咱呥因

嗎禮遜病死暫留囉咱呥代辦嗎禮遜應辦事

宜現將本住定海之啷吐啦調回接替再令囉

咱呥前往寧波又福州一口現在無人可派隨

七四一　欽差兩江總督耆英奏折

准令英人在五口租房租地於指定地段行走貿易(道光二十三年九月十六日)

後另行斟酌等情臣等查福州既無夷目派往
約束無人未便遽行開市以致另生枝節除照
覆該酋並行知各國咨會福建督撫將軍諸臣
外恐廑
聖懷謹將辦理情形附片陳明應請毋庸發鈔伏乞
皇上聖鑒謹
奏
知道了

七四二　欽差兩江總督耆英奏折

大西洋意大里亞國通商章程議定
（道光二十三年九月二十二日）

臣耆英臣程矞采
臣祁墳臣文豐跪

奏為向在澳門貿易之大西洋意大里亞國通商
章程業經議定恭摺馳
奏仰祈
聖鑒事竊照香山縣之澳門地方向為諸蕃互市之
地前明嘉靖年間佛郎機人在澳築室建城聚
居貿易其城之北向一門名曰三巴直達香山
縣內地明人恐其侵軼於萬歷二年在離澳五
里之蓮花莖地方建立關閘一座設官防守為

七四二　欽差兩江總督耆英奏折

大西洋意大里亞國通商章程議定
（道光二十三年九月二十二日）

通澳門戶至萬歷九年有大西洋之意大里亞
國人利瑪竇來居澳門迨後來者日衆澳門遂
為大西洋所住歲輸地租銀五百兩載入賦役
全書作為定額自關閘至三巴門一帶地方民
夷分庄居住於雍正九年移駐縣丞一員巡查
彈壓至三巴門以內為意大里亞所居之地亦
有民人轉賃夷屋開鋪居住從前入仕
天朝之湯若望南懷仁以訖高守謙畢學源等皆意
大里亞人因其初至中土時人但稱之為大西

七四二　欽差兩江總督耆英奏折

大西洋意大里亞國通商章程議定
(道光二十三年九月二十二日)

洋而意大里亞之名不著此大西洋完納租銀
在澳門居住之由來也該夷以貿易為生雍正
三年前督臣孔毓珣奏定該國貿易船隻以二
十五號為限編列字號准其前赴哥斯達呂宋
咬𠺕大小西洋等國販貨來澳止納船鈔不完
貨税俟有中華商販赴澳買貨再由華商赴關
報税其運赴澳門之内地貨物亦由販運之華
商報税每年約可徵收船鈔貨税銀二三萬兩
不等彙入粤海關額徵數内造報至該夷所完

船鈔係按船之新舊計丈輸納與在廣州貿易
各國不同數亦輕減其在廣州貿易各國商人
於買賣事竣船隻開行之後所有各國派來管
理貿易之人及有帳目未清之商販因例不准
寓居廣州亦赴澳門向大西洋賃屋而居此大
西洋向來在澳貿易完稅及各國商人留澳寓
居之章程也現在改定新章五口通市各國商
人散之四處澳門房租勢必漸少買賣亦斷不
能如前據該夷目呈請酌量變通業經臣等將

七四二　欽差兩江總督耆英奏折
大西洋意大里亞國通商章程議定
（道光二十三年九月二十二日）

大畧情形先行奏蒙
聖鑒在案兹臣等會同悉心籌議察核所請各條内
如求將地租銀五百兩懇
恩豁免一節查大西洋之求免地租係爲嘆咭唎在
香港並不繳租起見但香港本係無糧海島澳
門係有糧之地不能相提並論應飭照舊輸將
未便請豁又求將自關閘至三巴門一帶地方
俱歸大西洋撥兵把守一節查關閘之設係因
地勢扼要並非畫分界限且設關在前大西洋

住澳在後關閘以内既有民莊又有縣丞衙署
未便聽其撥兵把守應飭仍照舊章以三巴門
牆垣為界不得踰越至三巴門外原有礮臺夷
莊歷年已久亦仍其舊又求各國商船聽其赴
澳貿易一節查各國商船向例停泊黄埔在廣
州貿易澳門為粤海關兼管口岸並非大關既
無監督亦無另有大員駐劄所請難以准行又
求將澳門貨税船鈔較新定章程畧為裁減一
節查澳門貨税由華商完納與大西洋無涉本

可毋庸另議惟稅出於貨稅有輕重貨價即因
之而高下易啟趨避之端嗣後澳門徵收華商
貨稅無論出口進口俱照新定洋稅章程辦理
至澳門船鈔本較廣州為輕若責令按照新章
每噸輸鈔五錢未免無所區别嗣後澳門原有
額船二十五號應無分新船舊船均照新章酌
減三成每噸輸鈔銀三錢五分若赴五港口貿
易或另有新增大西洋船隻無論在澳及往五
口均按每噸五錢輸鈔以杜影射所有從前規

費無論已未歸公一概禁革又求准其前赴廣
州福州廈門寧波上海五口貿易一節查五口
通商各國皆已准行自應一視同仁以免向隅
其應完貨税船鈔及駁貨小船往來文稟一切
事宜悉照新定章程畫一遵辦又求將澳門脩
理房屋船隻請領牌照費用概行革除一節查
請領牌照本屬具文應如請准其自行購料雇
匠任便脩造不必請照以免苦累但不得於三
巴門外擅有建造致滋事端又求華商運赴澳

七四二　欽差兩江總督耆英奏折

大西洋意大里亞國通商章程議定
(道光二十三年九月二十二日)

門貨物即在澳門上税不必定以擔數一節查
華商販運貨物經過一關即應報一關之税斷
無越赴澳門投税之理嗣後凡赴澳門貨物不
必限定擔數如應經由粤海大關者即在大關
照新例報税請牌出口如向不經由粤海大關
者即在澳門照新例完税以免繞越以上各條
先據該夷目具呈籲求即經臣等督飭黄恩彤
咸齡等委員前赴澳門與之反覆辯論又經屢
次專札指飭該夷目情詞雖極恭順而言語依

七四二 欽差兩江總督耆英奏折

大西洋意大里亞國通商章程議定
（道光二十三年九月二十二日）

違未肯遽遵臣等查大西洋貿易章程向例雖與其餘各國不同而該國既欲遵照新章五口通商若任稍有參差即多掣肘復經飭令該國兵頭吐唎嘁啦嚊哆及管理貿易之嘜嚟哆通事嗎堪吐來省臣耆英臣祁𡊮督同黃恩彤咸齡在於城外公所公同傳見逐條講解並曉以

該國世受

大皇帝恩典與其餘各國不同分應首先效順輸誠為各國作則始據該兵頭等出具遵奉辦理稟

七四二　欽差兩江總督耆英奏折

大西洋意大里亞國通商章程議定
(道光二十三年九月二十二日)

文當即予以酒食該兵頭等歡欣鼓舞僉稱不
敢復生異議臣等通盤籌核大西洋在澳門貿
易向來所徵税鈔每年不過二三萬兩今該夷
所求各條未便准行者業經駁飭其尚可照准
者與粤海關大局無所增損自應欽遵前奉
硃批勿顧目前總要籌及大者遠者曲示懷柔以期
永久相安仰副
聖主綏靖海疆之至意除將歷次議定章程税則頒
發該國遵守並咨行各口外臣等謹恭摺馳

奏伏乞
皇上聖鑒
敕部覈覆施行謹
奏
軍機大臣會同戶部議奏
內附一件留中

道光二十三年九月　二十二　日

七四三　欽差大臣耆英奉上諭著照所議妥辦米利堅等國通商章程但進京瞻覲之請斷不可行(道光二十三年九二十四日)

軍機大臣　字寄
欽差大臣耆　兩廣總督祁　廣東巡撫程　傳諭
粵海關監督文豈　道光二十三年九月二十
四日奉
上諭據耆英等奏議定咪唎㗳等國通商章程等語
覽奏均悉現在暎夷已准通商所有咪唎㗳等國
自應准其一體通商以示撫綏之意着照所議妥
辦總須籌及遠大不可僅顧目前致貽口實至咪
唎㗳有進京瞻覲之請暎咭唎又於善後條内添

出沾恩語句豫為地步安知非互相勾串巧為嘗
試著耆英等婉為開導諭以天朝撫馭各國一視
同仁凡定制所應有者從不刪減定制所本無者
不能增添若各國紛紛請覲觀光上國不但無此
政體且與舊制有乖萬難代奏至現在已准一體
通商天恩高厚爾等果能約束商人公平交易照
例輸稅無稍偷漏大皇帝聞之必然嘉悅也耆英
接奉此旨即飭黃恩彤等照此明白曉諭斷不准
稍有含混別生枝節是為至要將此諭知耆英祁

七四三　欽差大臣耆英奉上諭

著照所議妥辦米利堅等國通商章程但進京瞻覲之請斷不可行(道光二十三年九二十四日)

七四三　欽差大臣耆英奉上諭

著照所議妥辦米利堅等國通商章程但進京瞻覲之請斷不可行(道光二十三年九二十四日)

壇程喬采並傳諭文豈知之欽此遵

旨寄信前來

七四四　欽差大臣耆英奉上諭　著酌定善後條約惟香港通市一節再行悉心妥議具奏(道光二十三年九月二十四日)

軍機大臣　字寄
欽差大臣耆　兩廣總督祁　廣東巡撫程　傳諭
粵海關監督文豐　道光二十三年九月二十
四日奉
上諭前據耆英等奏酌定善後條約當交軍機大臣
速議具奏茲據覆議各條分晰具奏俱著照所議
行惟香港通市一節最關緊要該處為售貨置貨
之總匯課稅盈絀全繫乎此而出口進口之牌照
若僅責成九龍巡檢會同暎官隨時稽查恐辦理

七四四　欽差大臣耆英奉上諭著酌定善後條約惟香港通市一節再行悉心妥議具奏(道光二十三年九月二十四日)

稍疎即不免有偷越之弊其應如何設法嚴查之
處着耆英等再行悉心妥議具奏其各處出海船
隻仍着嚴飭各海口文武員弁實力稽查至五處
通商口岸並着一體知照各該省加意防範毋任
商船任意出入以防偷漏而裕課稅原摺着鈔給
閱看將此諭知耆英祁𡎴程矞采並傳諭文豐知
之欽此遵
旨寄信前來

七四五　軍機大臣穆彰阿奏折

遵旨速議酌定善後條約（道光二十三年九月二十四日）

臣穆彰阿等跪

奏為遵

旨速議具奏事本年九月十六日耆英等奏酌定善

後條約一摺奉

硃批軍機大臣速議具奏單併發欽此臣等公同商

榷將該大臣等原奏各條悉心參覈逐一分晰

錄呈

御覽恭候

欽定

七四五　軍機大臣穆彰阿奏折

遵旨速議酌定善後條約
（道光二十三年九月二十四日）

一原單内稱鈐印税則例册及鈐印貿易章程嗣後五港口均奉爲式二條現在通商馬頭既分有廣州福州廈門寧波上海五口所有税例及一切貿易新章自應一律辦理應如所議各口均奉爲式

一原單内稱貨船進口報關一款内所罰銀兩及查鈔之貨物應歸中華國帑以充公用一條此項銀貨既係罰款及查鈔入官之項應如所議歸公充用

七四五　軍機大臣穆彰阿奏折

遵旨速議酌定善後條約

（道光二十三年九月二十四日）

一原單內稱開關後暎商止准在五港口貿易不
准赴他處港口亦不許華民在他處港口串同
貿易一條現在通商馬頭既有議定五口自不
准其再有越界私相交易應如所議嗣後暎商
如有擅往他處港口游奕販賣即將船貨一併
鈔取入官暎官不得爭論儻係華民私串即將
串同之華民從嚴懲辦
一原單內稱嗣後華商欠暎商或暎商欠華商之
債均由華暎該管官從公處結彼此著追均不

七四五　軍機大臣穆彰阿奏折

遵旨速議酌定善後條約
(道光二十三年九月二十四日)

保償一條華商所欠暎商之債前經議定官不
保交並不得仍執洋行代賠之例請賠其代為
著追一節亦必須實係人在產存方准追給若
已逃匿無蹤及家產盡絶者不得因此藉口仍
致嘵嘵瀆懇至暎商所欠華商之債應即照所
議由暎官代為著追不代保償
一原單內稱五港口暎商不可妄到鄉間並不可
遠入內地貿易一條各口既准暎商居住往來
自應議定界址庶彼此日久相安所有暎船水

七四五　軍機大臣穆彰阿奏折

遵旨速議酌定善後條約
（道光二十三年九月二十四日）

手及船上人等應俟管事官與地方官立定禁
約後方准上岸如有不遵禁約擅至內地遠遊
者不論係何品級應聽該地方民人捉拏送辦
惟所稱由民人交暎國管事處罪似未允協應
令送交地方官轉交辦理免滋事端至上岸暎
人該民人既不得擅自毆打傷害設暎人不服
捉拏以致互鬬或民人毆傷暎人或暎人毆傷
民人其如何辦理平允之處應令再為詳議
一原單內稱暎人攜眷赴五港口居住或租賃房

七四五　軍機大臣穆彰阿奏折
遵旨速議酌定善後條約
(道光二十三年九月二十四日)

屋或租基地建屋一條𠸄人與家屬所住房屋准於何處租賃何處建造尤應各就地方民情先行議定彼此出於兩願方可相安其租價高下應即照現在五港口所值為準不許華民勒索亦不許𠸄商强租其每年租屋若干所建屋若干間即由𠸄國管事官通報地方官轉報立案至房屋增減現在雖難豫定額數惟𠸄人居住既有議定界址其與家屬所居房屋即將來人數增添自不得於界址外別有租賃別有基

七四五　軍機大臣穆彰阿奏折
遵旨速議酌定善後條約
(道光二十三年九月二十四日)

迭應再與切實要約
一原單内稱西洋各外國商人如准其一體赴各
口貿易即與英人無異將來設有
新恩施及各國應准英人一體均沾一條各外國商
人向止准其在廣東貿易現既准赴福州廈門
寧波上海各口通市即係
大皇帝新恩英國與各國一體均沾且税則及一切
章程現已議定頒行各口英國及各國均書一
律恪遵不得妄有請求以昭信守

七四五　軍機大臣穆彰阿奏折
遵旨速議酌定善後條約
(道光二十三年九月二十四日)

一原單內稱華民因犯法逃至香港或潛住英國官船貨船避匿及英國水手兵丁或別項英人等逃至中國地方藏匿一條應照所議凡此等逃匿之人華民由英官交與華官按法處治英人由華官捉拏監禁交給近地英官收辦均不得庇護隱匿

一原單內稱通商港口必泊有英國官船一隻以資約束其官船將去必另有一船接代該港口管事官等應先具報中國地方官一條此等接

七四五　軍機大臣穆彰阿奏折

遵旨速議酌定善後條約
(道光二十三年九月二十四日)

代官船到中國時自應由港口管事等官先行具報以免生疑中國兵船自不致有所攔阻其官船既不載貨自應免納船鈔

一原單内稱定海古浪嶼退地後凡有英官居住房屋及棧房兵房不得折毁亦不請追修造價值一條應照議俟退出後即交與華官轉交各業户管理

一原單内稱英商串通華商偷漏除該國出示嚴禁英商並通報中國地方官捉拏外本地方官

亦應將串同偷漏之華商等查辦一條應如所議嗣後英國偷漏商船一經地方官拏獲其貨無論價值品類全數查鈔入官其串同偷漏之華商及庇護分肥之衙役應責成地方官嚴密訪查照例懲辦

一原單內稱華民欲帶貨往香港銷售者先在廣州福州廈門寧波上海各關口完納稅銀由各海關給發牌照前往其欲赴香港置貨者亦准其向廣州福州廈門寧波上海各華官衙門請

牌於運貨進口之日交稅其在香港置貨之船
即在香港請領牌照出口一條應如所議嗣後
欲往香港售貨及在香港置貨華商於出口時
均照此給與牌照以憑稽查每來往一次即將
原領牌照呈繳華官查銷其非五口互市之處
均不准擅請牌照往來香港惟此項牌照據稱
責成九龍巡檢會同英官隨時稽查通報香港
地懸海外帆檣處處可通若五口售貨置貨之
商畢集於此其船貨有無偷漏所恃止有牌照

七四五　軍機大臣穆彰阿奏折

遵旨速議酌定善後條約

(道光二十三年九月二十四日)

九龍地方是否來往咽喉不致偷越巡檢一官是否足資查驗應令再行詳議

一原單內稱香港必須特派暎官一員凡遇華船赴彼售貨置貨者將牌照嚴行稽查一條香港並未設有華官凡往彼售貨置貨之商其經各海關給與牌照者出口進口尚可由華官查驗其有未經請領牌照或有牌照而非五口所給者若私向香港往來華官無從過問其稽查之職全在暎官一人設非公正嚴明即有奸商偷

越未必視為已事應令嘆國選擇可靠之員認
真查驗如有未請牌照及牌照不符商船前往
香港貿易者應不許其在彼通商並將情由具
報華官備案查辦
一原單內稱華商在香港拖欠各債及嘆商在港
口拖欠賬目一條華商在香港所欠嘆商之債
自應由嘆官就近清理其已逃出香港者如係
嘆商未經查明行保被其假託誆騙華官自無
從追究若實係潛回原籍人存産在者應准其

七四五 軍機大臣穆彰阿奏折

遵旨速議酌定善後條約

(道光二十三年九月二十四日)

官爲勑追其㘆商在港口拖欠華商帳目若華官將清單及各憑據通報㘆官㘆官亦即照新章第五條所議代爲着追以昭平允

一原單内稱各港口海關按月將所發牌照等具報粤海關粤海關轉爲通知香港㘆官㘆官照式具報一條應如所議飭後各港口海關每月將所發牌照若干張及船隻字號商人姓名並貨物品類數目或由香港運至各港口或由各港口運至香港逐一具報粤海關轉行㘆官㘆

七四五　軍機大臣穆彰阿奏折

遵旨速議酌定善後條約

（道光二十三年九月二十四日）

官即將往來各商之船號商名貨物數目報明

粵海關由粵海關通行各海關查覈辦理

一原單內稱暎國二枝桅或一枝桅三板划艇等

小船向不輸鈔今議定各船除搭客附帶書信

行李仍照舊免輸外儻載有貨物即按噸輸納

一條此等小船或由香港赴省或由省赴澳所

載貨物自應按噸納鈔所稱最小者以七十五

噸為率最大者以一百五十噸為率每進口一

次按噸納鈔一錢其不及七十五噸者仍照七

七四五　軍機大臣穆彰阿奏折

遵旨速議酌定善後條約

(道光二十三年九月二十四日)

十五噸計筭僅已逾一百五十噸即作大洋船
論每噸輸鈔五錢此等小船往來自不便與大
洋船一體納鈔而運載貨物則同今大船輸鈔
五錢小船輸鈔一錢相去懸殊難保不避多就
少所有小船每月進口數次應再酌定以示限制
一原單所開小船定例三條均應如所議嗣後英
國二枝桅或一枝桅及三版划艇等小船必須
領有英官牌照用漢英字樣寫明何等船隻能
載若干噸聽候稽查其船到虎門即停止通報

係載有貨物均在黃埔關口報明到省後即將
牌照繳存管事官代請粵海關准令起貨如未
經允准擅自卸貨即按照新定章程內貨物進
口報關一款辦理若進口貨已起清出口貨又
全下船其進口出口稅與船鈔亦已完納管事
官即給還牌照准其開行
以上各條該大臣等所議亦已詳備惟香港通
市一節最關緊要緣各口准赴香港貿易則該
處竟成售貨置貨之總匯課稅盈絀全繫乎此

七四五　軍機大臣穆彰阿奏折　遵旨速議酌定善後條約（道光二十三年九月二十四日）

令出口進口之船所憑止此牌照而牌照之查驗所恃僅在暎官則其權已非我操況洋路隨處可通其船之出入不必盡由五港貨之往來不必盡領牌照設有奸商往彼貿易又豈能保暎官之一一為我查驗是此處辦理稍疎恐五處津關將成虛設現在粵海關稅額所以有盈無絀者祇緣停市已久蓄極一通是以較旺於前且新章甫經議定在暎人亦不得不稍示公平以邀功令而江蘇閩浙又未開關則全力所萃惟在粵海是其旺亦可暫而不可常也今為

七四五　軍機大臣穆彰阿奏折
遵旨速議酌定善後條約
（道光二十三年九月二十四日）

善後計其香港專設英官一節固已勢無可駁
而小船運載貨物即為短絀之由巡檢稽查牌
照不無偷越之弊是以 臣等復令詳議再香港
地居外海將來一經開市無可設防惟有於各
處出海船隻設法稽查嚴防偷漏尚屬權自我
操請
旨飭下沿海各督撫無論何口但有可通海道處所
務須加意防範無任商船任意出入之處詳細
妥議具奏所有臣等遵議緣由是否有當伏乞

七四五　軍機大臣穆彰阿奏折

遵旨速議酌定善後條約

(道光二十三年九月二十四日)

皇上聖鑒謹

奏

道光二十三年九月　二十四　日

臣穆彰阿

臣潘世恩

臣祁寯藻

臣賽尚阿

臣何汝霖

七四六 兩江總督耆英奉上諭

五口通市事屬創行著各海口嚴行稽查偷漏(道光二十三年十月二十二日)

軍機大臣 字寄
兩江總督耆 江蘇巡撫孫 閩浙總督劉
福建巡撫劉 浙江巡撫管 兩廣總督祁
廣東巡撫程 道光二十三年十月二十二日
奉
上諭據耆英奏通商善後案內實在情形一摺其香
港通市一節責成九龍巡檢稽查已諭知祁墳等
揀派妥員經理矣因思五口通市事屬創行必應
於立法之初詳明周匝方可期經久無弊各海關

七四六　兩江總督耆英奏上諭

五口通市事屬創行著各海口嚴行稽查偷漏(道光二十三年十月二十二日)

稅課之盈絀全在嚴查偷漏著各該督撫等責成
各海口文武員弁督飭卡房巡船人等實力稽查
斷不准日久又成具文至夷人在各口租屋賃地
自應於議定界址時再與切實要約以杜藉口務
當應地制宜不准稍留罅隙其出海船隻並著嚴
申禁令毋得任意出入總之有治人始有治法各
該省督撫等尤當隨時體察情形覈實辦理認真
整頓俾商船不至偷越而國課益臻充裕是為至
要將此各諭令知之欽此遵

旨寄信前來

七四六　兩江總督耆英奉上諭五口通市事屬創行著各海口嚴行稽查偷漏(道光二十三年十月二十二日)

七四七 兩廣總督祁𡐓奉上諭

著設九龍巡檢稽查所有赴香港船隻
(道光二十三年十月二十二日)

軍機大臣 字寄
兩廣總督祁 廣東巡撫程 傳諭布政使黄
恩彤 道光二十三年十月二十二日奉
上諭前據耆英等奏請改設巡檢移駐附近香港之
九龍地方會同唤官稽查出入牌照等語朕以香
港爲售貨總匯若僅責成巡檢稽查恐立法尚未
周密令該大臣等再行妥議茲據耆英奏稱體察
情形不在驗照官之大小全在行之以實所有前
赴香港之船既由給照口岸按月報明粤海關業
已互有稽考九龍巡檢不過查其已到未到並無
税銀可收似可無虞偷漏等語著照所議辦理所

七四七　兩廣總督祁墳奉上諭

著設九龍巡檢稽查所有赴香港船隻

（道光二十三年十月二十二日）

有祁墳等前奏廣東新安縣屬之官富司巡檢請
移駐九龍地方改為九龍巡檢作為海疆要缺即
照所請准以試用從九品許文深試署俟試署期
滿如果稱職另請實授並定為在任三年如經理
得宜即予保舉升擢毋庸扣至六年俸滿其現准
試署之許文深能否經理得宜仍著祁墳等隨時
察看如不勝任即行撤回另為酌調毋得稍事因
循至該巡檢雖無徵收稅課之責而稽查出入務
令華夷相安斷不可任吏胥勒索別生事端是為
至要再據耆英另片奏欽遵諭旨札飭黃恩彤曉

摘文起（旁注於「祁墳」處）　摘文止（旁注於「年俸」處）

七四七　兩廣總督祁墳奉上諭

著設九龍巡檢稽查所有赴香港船隻

(道光二十三年十月二十二日)

諭咪唎㗋夷目嗝吐等語現在耆英業已回任儻該國果有使臣到粤即著祁墳等督飭藩司黄恩彤婉為開導諭以天朝撫馭外夷悉遵定制該夷向來未通朝貢不但廣東督撫不能代為奏懇即或駛往直隸海口亦斷不准該夷上岸是該夷徒勞往返轉孤負大皇帝曲加體恤之意不如安分通商得沾實惠如此明白曉諭庶可絶其覬覦之心并杜各國效尤之念萬勿稍有含混以致别生枝節將此諭知祁墳程矞采並傳諭黄恩彤知之欽此遵

七四七、兩廣總督祁𡎴奉上諭著設九龍巡檢稽查所有赴香港船隻（道光二十三年十月二十二日）

旨寄信前來

七四八　軍機大臣穆彰阿奏折

遵議大西洋意大里亞國通商章程
(道光二十三年十二月初三日)

臣穆彰阿等跪

奏為遵
旨會議具奏事據耆英等奏大西洋意大里亞國通
商章程一摺奉
硃批軍機大臣會同户部議奏欽此除該夷求免澳
門地租撥兵把守關閘及三巴門並各國商船
聽赴澳門貿易三條業經該大臣等正言拒絕
飭令仍照舊章應毋庸議外所請澳門貨稅船
鈔較新定章程畧為裁減一節該大臣等奏稱

澳門貨稅由華商完納與大西洋無涉惟澳門船鈔本較廣州為輕請將澳門原有額船二十五號無分新舊酌減鈔銀三成若赴五港口貿易或另有新增船隻仍按每噸五錢等語 户部查海關收西洋貨稅既有新定稅則無論進口出口自應一律徵收至大西洋原有額船二十五號在澳門貿易應准其酌減三成每噸輸鈔銀三錢五分以示體恤若赴五港口貿易或原額之外另有新增船隻無論在澳及往五口

七四八　軍機大臣穆彰阿奏折

遵議大西洋意大里亞國通商章程

（道光二十三年十二月初三日）

仍按每噸五錢新章辦理又據奏求准前赴廣州福州廈門寧波上海五口貿易一節據該大臣奏請五口通商各國皆已准行自應一視同仁應完貨稅船鈔及駁貨小船往來文票一切事宜悉照新定章程等語臣等伏查五口通市據該大臣等先後陳奏嘆咭唎及各國均已准行自來便於久經寓居澳門之意大里亞國獨有岐視以致向隅應如所奏准其於廣州福州廈門寧波上海均照新定章程前往貿易俾歸

七四八 軍機大臣穆彰阿奏折 遵議大西洋意大里亞國通商章程（道光二十三年十二月初三日）

盡一至一切文稟向來定有章程嗣後仍應照
舊辦理以彰恭順所奏求將澳門修理房屋船
隻革除牌照費用一節該大臣稱牌照本屬具
文准其自行購料雇匠任便修造不必請照以
免苦累但不得於三巴門外擅有建造等語臣
等伏思意大里亞僦居澳門輸納地租遇有修
造請領牌照前人立法具有深意所奏具文苦
累係近日奉行不實稽端需索所致未可因噎
廢食聽其任便修造致滋流弊應令該大臣欽

七四八　軍機大臣穆彰阿奏折

遵議大西洋意大里亞國通商章程
（道光二十三年十二月初三日）

遵前奉
硃批勿顧目前籌及大者遠者悉心妥議具奏又奏
華商運赴澳門貨物即在澳門上稅不必定以
擔數一節該大臣等奏稱華商販貨過關即應
報稅請將赴澳門貨物不必限定擔數經由粵
海大關者在大關報稅不經由大關者在澳門
完稅等語　戶部查澳門係粵海關口岸商販
既經粵海大關自無不納關稅徑行繞越之理
應如所奏各按經由之路照新例納稅至所稱

七四八　軍機大臣穆彰阿奏折

遵議大西洋意大里亞國通商章程
（道光二十三年十二月初三日）

赴澳門貨物不必限定倍數是否係指販貨之多寡抑論收税之輕重應令該大臣等詳細分晰查明奔覆以上各條該大臣業經駁飭者均係謹守舊章恪持

國體應飭令堅守成議毋任妄有干求其尚可照准各條臣等分別籌議於綏夷懷遠之中存杜漸防微之意是否有當伏乞

皇上訓示遵行謹

奏

七四八　軍機大臣穆彰阿奏折

遵議大西洋意大里亞國通商章程
（道光二十三年十二月初三日）

道光二十三年十二月　初三　日

臣穆彰阿

臣潘世恩

臣祁寯藻

臣賽尚阿

臣何汝霖

臣敬徵

臣端華

臣杜受田

七四八　軍機大臣穆彰阿奏折

遵議大西洋意大里亞國通商章程

(道光二十三年十二月初三日)

道光二十三年十二月初三日奉

旨依議欽此

臣柏　葰

七四九　粵海關監督文豐奏折
報告征收關稅總數（道光二十四年二月二十九日）

粵海關監督奴才文豐跪

奏爲恭報關稅一年期滿徵收總數仰祈
聖鑒事竊照粵海關徵收正雜銀兩向例一年期滿
先將總數
奏明俟查覈支銷確數另行恭疏具
題並分款造冊委員解部歷年遵照辦理在案再
粵海關原定正額銀四萬兩銅觔水脚銀三千
五百六十四兩又嘉慶四年五月奉户部劄行
欽定粵海關盈餘銀八十五萬五千五百兩欽遵亦在

七四九　粤海關監督文豐奏折　報告征收關税總數(道光二十四年二月二十九日)

案兹查本關遞年連閏趱前應徵丙午年分關
税自道光二十三年二月二十六日起連閏至
二十四年正月二十五日止一年期滿所有大
關循照舊例徵銀三十萬三千四百四十七兩
二分五釐遵照新章徵銀一百六十萬五百四
兩七錢三分九釐又各口徵銀一十二萬六千
五百九十一兩三錢四分四釐統計一年期内
共徵銀二百三萬五百四十三兩一錢八釐除
徵足正額税銀及銅觔水脚並徵足

七四九　粵海關監督文豐奏折

報告征收關税總數（道光二十四年二月二十九日）

欽定盈餘銀兩外計多收銀一百一十三萬一千四百七十九兩一錢八釐除將到關船隻貨物照例造册送部覈對外所有關税一年期滿徵收總數理合恭摺具

奏再前經

奏撫夷各條摺内聲明福州厦門寧波上海四處通商所有徵收夷税各數歸入粵海關彙併計算具摺

奏報業經移咨在案兹届粵海關錢糧報滿之期

尚未准該四口將所徵税數咨會到關應俟移
咨到齊另爲統計覈算並將本關税數覈實支
銷再行恭摺具
奏合併陳明伏乞
皇上聖鑒謹
奏
戶部知道
道光二十四年二月　　二十九　　日

七五〇 粤海關監督文豐奏折

報告粤海關關税盈餘銀數及上海厦門寧波三口征收數目(道光二十四年五月二十五日)

粤海關監督奴才文豐跪

奏爲恭報關税盈餘銀兩數目仰祈

聖鑒事竊照粤海關每年徵收正雜銀兩例於滿關後三個月將收支實數分款造報兹查關期遞年連閏趱前應徵丙午年年分關税自道光二十三年二月二十六日起連閏至二十四年正月二十五日止一年期内所有大關循照舊例徵銀三十萬三千四百四十七兩二分五釐遵照新章徵銀一百六十萬五百四兩七錢三分九

釐又各口徵銀一十二萬六千五百九十一兩
三錢四分四釐統計大關各口共徵銀二百三
萬五百四十三兩一錢八釐業於本年正月關
期報滿時經將徵收總數恭摺
奏明在案現當三個月期滿自應照例造報查丙
午年分徵收税銀内除循例支出正額銀四萬
兩銅觔水脚銀三千五百六十四兩移交藩庫
取有實收送部查覈又除支銷通關經費養廉
工食及鎔銷折耗等銀三萬六千一百五十一

兩七錢七分三釐又除照新例支解糧道衙門撥充普濟堂公用銀一萬九千八百八十八兩八錢八分九釐又循例除動支報解水脚銀六萬九千七百一十兩一錢三分三釐又除部飯食銀五萬一千一百六兩八錢九分二釐又除支出解交造辦處裁存備貢銀五萬五千兩又除撥解廣儲司公用銀三十萬兩又除正雜盈餘平餘水脚部飯食幷廣儲司各款加平銀六萬七千五十八兩三錢四分二釐外尚存正雜

七五〇　粤海關監督文豐奏折

報告粤海關關税盈餘銀數及上海厦門寧波三口征收數目(道光二十四年五月二十五日)

羨盈餘銀一百三十八萬八千六十三兩七分
九釐又另款平餘等銀七千一百八十五兩二
錢四釐並循例除支未解動支報解水脚等項
五款共計五十四萬二千八百七十五兩三錢
六分七釐以上通共應存銀一百九十三萬八
千一百二十三兩六錢五分内除已徵未解銀
六萬九千一百九十二兩六錢八分五釐牮現
在上緊嚴催俟完繳到日再行覈辦現實存銀
一百八十六萬八千九百三十兩九錢六分五

七五〇 粤海關監督文豐奏折

報告粤海關關税盈餘銀數及上海厦門寧波三口征收數目(道光二十四年五月二十五日)

聖鑒遵照

奏案存貯留備撫夷之用毋庸解京交納再查前

經會

奏通籌五關收税摺内聲明福州厦門寧波上海

四處通商所有徵收夷税各數歸入粤海關彙

併計算具摺

奏報移咨辦理在案兹届粤海關錢糧報滿之期

現查上海自道光二十三年九月二十六日開

市起至本年正月二十五日止徵收税鈔銀四

萬一千九百三十三兩四錢五分一釐厦門自
道光二十三年九月十一日開市起至本年正
月二十五日止徵收銀一萬五千一百三十四
兩四錢三分八釐寧波自道光二十三年十一
月十二日開市起至本年正月二十五日止徵
收稅鈔銀六千二百六十四兩四錢六分八釐
陸續咨會前來至福州一口尚未開市合併聲
明除循例逐款造册送部覈銷外合將支銷各
款及三口徵收數目緣由恭摺具

七五〇　粤海關監督文豐奏折

報告粤海關關税盈餘銀數及上海厦門寧波三口征收數目（道光二十四年五月二十五日）

奏伏乞

皇上聖鑒謹

奏

硃批：該部議奏

道光二十四年五月　　二十五　　日

七五一　兩廣總督耆英奏折　體察澳夷實在情形(道光二十四年七月初二日)

奏

耆英等

體察澳夷實在情形由

八月初六日

兩廣總督臣耆英
廣東巡撫臣程矞采跪

奏為體察澳夷實在情形恭摺密奏仰祈

聖鑒事竊照大西洋國通商章程前經臣等條議

具奏蒙奉部議又經臣耆英據實覆陳道光二

七五一 兩廣總督耆英奏折

體察澳夷實在情形(道光二十四年七月初二日)

十四年二月初四日承准軍機大臣字寄正月二
十六日奉
上諭穆彰阿等奏遵旨再議意大里亞國通商章
程一摺朕詳加披閱所有三巴門內免領牌照聽
建造一節既據該督切實聲明准其照議辦理惟該
督等前奏不得于三巴門外擅有建造現據該
督等面與要約嗣後不致逾有反覆惟事涉外夷必
須籌及久遠設使異時該夷以三巴門內無可立
足又于三巴門外妄肆干求該督等如何防範遏
絕正宜遠慮預籌著耆英接奉此旨函商廣東督

七五一　兩廣總督耆英奏折

體察澳夷實在情形（道光二十四年七月初二日）

撫件察夷情熟悉籌其勢會同妥議具奏總須確有
把握毋為牽就目前之計方不負委任也餘均照議
辦理穆彰阿等原摺鈔給閱看將此諭令知之
欽此遵
旨寄信前來臣耆英當即恭錄
諭旨咨會前督臣祁𡎴臣程矞采正在轉飭詳查悉
心密辦亦間臣耆英旋即調任來粵因籌辦咪唎
堅事務駐澳兩旬就近察看形勢訪探夷情緣
澳門僻處海隅民夷雜處關閘以內三巴門以
外各係民莊計有天成龍田龍環望廈石牆新

七五一 兩廣總督耆英奏折 體察澳夷實在情形(道光二十四年七月初二日)

橋蒲魚沙岡等八村共居民八百一十九戶田廬
墳墓鱗次惟此只夷人所建礮台名東望洋
係踞山臨海並不佔礙民基三巴門以內雖盡
係夷樓西洋聚族而處而夷人間於蘆石塘賦梅
里沙梨頭等二十一處俱有民房交錯其中共
計四百六十六戶均係世守祖業並不輸納夷
租相傳二百餘年由來已久計現查澳門夷人
男女約四千餘口而十九年所查民戶人丁共
四千九百二十八口散處澳門內民夷錯雜之區
非經夷人托足之地也若謂三巴門外盡屬民

七五一　兩廣總督耆英奏折　體察澳夷實在情形(道光二十四年七月初二日)

界則夷人何以建有礮台若謂三巴门内盡屬夷

硃

界則民人何以置有祖產墳墓而佯儻居濠

鏡始自前明其初防制疏闊界址未分我

朝稽察稍嚴而久閱多年前後因而未改今設明

硃

以後三巴门為界已于錯處之中示區分之意

三巴门外之礮台無庸移建三巴门内之民居亦

不搬遷仍復各循其舊俾中外兩得其平且

澳内尺寸之地非屬之民即屬之夷夷不得越

界而侵民居亦猶民不得越界而奪夷產與民

戶口之數較夷為多其勢足與相制而夷人專

七五一　兩廣總督耆英奏折

體察澳夷實在情形(道光二十四年七月初二日)

恃貿易無田可耕日用所需仰給内地一經罷市則不免倒懸之危斷不敢強佔民田致觸衆怒況夷樓高大華美原爲出賃收租番商之在澳寄居者唉夷什居七八現因香港粗建棧穴均已紛紛寄居其所屬之港腳等夷隨之而往澳中房屋近來多有空閒澳夷失其租息之利方慮倒壞無力修復似不致因無可立足而於三巴門外妄肆干求即此三巴門外之瀏洲前經唉夷踐躪均形坍壞前經地方官勸諭居民捐貲修復澳夷毫無異說其上年應交地租銀

七五一　兩廣總督耆英奏折
體察澳夷實在情形（道光二十四年七月初二日）

者而已按數完繳並無延欠臣等竊以澳夷與英咭唎咪唎㗎咈囒哂各國情勢不同各國去來無定故控制較難澳夷久住中華故羈縻尚易但必須有以聯屬其心方可隨時駕馭遇事防制俾令就我範圍不致別生枝節所有臣等體察澳夷實在情形公同悉心熟籌妥議緣由理合恭摺據陳伏乞

皇上聖鑒

訓示謹

奏

七五一　兩廣總督耆英奏折　體察澳夷實在情形(道光二十四年七月初二日)

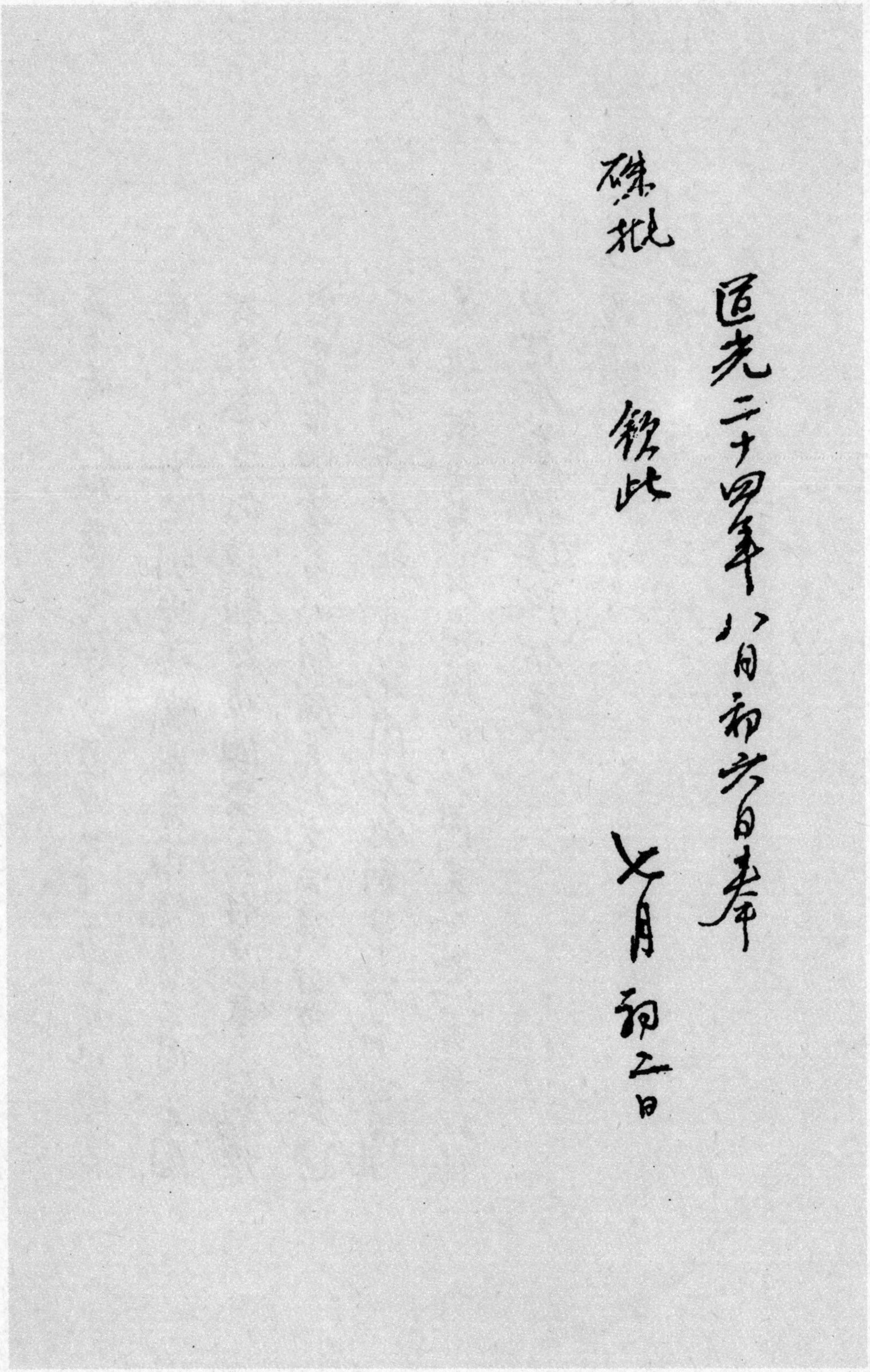
道光二十四年八月初六日奉
硃批
欽此
七月初二日

七五二　兩廣總督耆英奏折

法公使請減丁香及酒稅并準其所請
（道光二十四年九月二十一日）

耆英片

再上年與咪唎𡁠定稅例奉准部覆咨
經頒發各關遵照輸納嗣咪唎𡁠使臣顧盛求
將洋鉛稅銀量為酌減當經臣奏奉准在案茲
咈囒哂使臣喇萼呢聲稱稅例至為公當自應
遵行惟丁香共有三種子丁香係屬上等印度
所出丁香係屬中等母丁香係屬下等稅則只
有上等每百斤稅銀一兩五錢下等每百斤五
錢至中等則漏未賦載今議上等丁香稅
銀仍舊增入中等丁香一款每百斤定為稅

七五二　兩廣總督耆英奏折

法公使請減丁香及酒稅并準其所請

（道光二十四年九月二十一日）

銀一兩至丁香價值甚賤原例稅銀五兩
未免數多求減為二兩五分又洋酒一項原
例裝玻璃瓶大者每百瓶稅銀一兩小者每
百瓶稅銀五錢裝桶者每百斤稅銀五兩
亦未免數多請將裝玻璃瓶大者減為每
百瓶稅銀二兩小者每百瓶及裝桶者每百
斤始減為稅銀一兩等語臣等細加酌核丁
香一項雖將下等每百斤減去二兩五分而
增入中等每百斤稅銀一兩以贏補絀稅銀
仍無增減至洋酒一項惟該國人估欲中國

七五二　兩廣總督耆英奏折

法公使請減丁香及酒稅并準其所請

（道光二十四年九月二十一日）

人用者甚属寥寥，綜計海關所收稅銀為
數無幾，即量為酌減，亦無關贏絀，且耆英番
與允其所請議入稅則，其餘各款該使以協一
一遵以所有照稅例稍為增減之處，理合
附片陳明，謹
奏
道光二十四年十月十四日奉
硃批：覽。欽此

七五三　軍機大臣穆彰阿奏折

遵議酌定法國通商章程

（道光二十四年十月三十日）

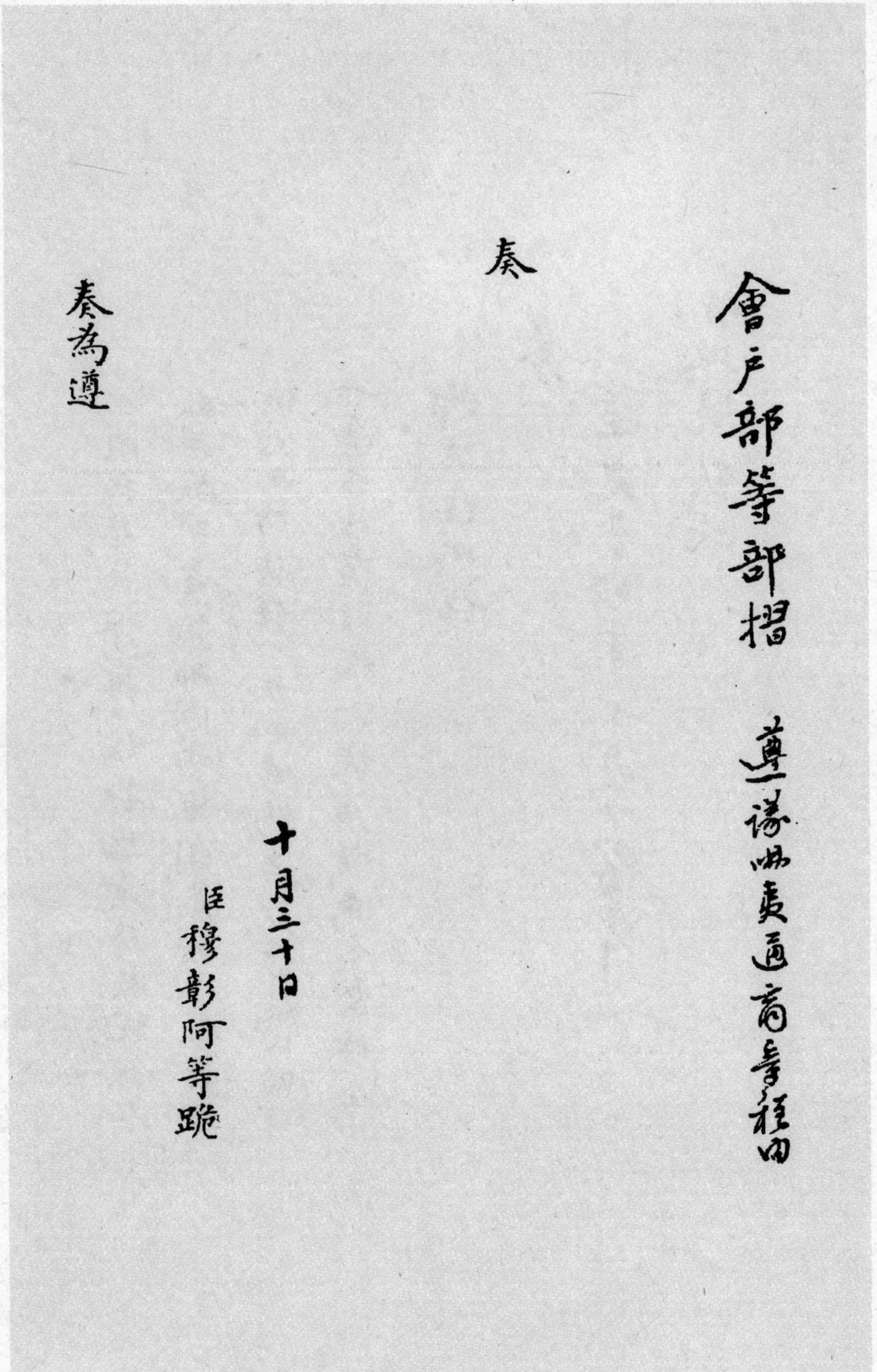

會戶部等部摺　遵議咈囒哂通商章程由

奏

十月三十日

臣穆彰阿等跪

奏爲遵

七五三　軍機大臣穆彰阿奏折　遵議酌定法國通商章程（道光二十四年十月三十日）

旨速議具奏事十月十四日耆英等奏酌定㳷囒哂
國貿易條約一摺奉
硃批軍機大臣會同該部速議具奏片一件單一件
併發欽此查㳷囒哂使臣前赴廣東澳門請定貿
易章程經該督議定條約三十五款覈與嘆咭
唎咪唎㗼二國所訂條約相同業已繕冊鈐印
分執並據該督與該撫該監督等公同覆閲於
通商善後事宜均無窒礙臣等詳加察覈其中

七五三　軍機大臣穆彰阿奏折

遵議酌定法國通商章程

(道光二十四年十月三十日)

關涉餉税各條户部查該督等所定貿易止於
五口税餉不得加增規費悉除走私有禁裁洋
行以除包攬欠債項不得保償以及押船者嚴
需索之條繳牌者申遲逾之禁未卸貨者不輸
船鈔運行李者均免徵收估價者唤集商人原
封者准其别售交銀核其市價尺碼發自海關
且剥貨之船須憑執照等語核與嘆咭唎咪唎
㗖二國所議條規並無歧異至五口地方彈壓

兵船不納鈔餉亦與暎國官船豁免船鈔之例
相符應如所議辦理總須各海關實力稽查無
滋流弊以裕税課而順商情其中關涉罪名詞
訟各條刑部查該督等所定如海關人役有不
守例款詐取規費及奉派管押船隻之差役任
意需索者均照例科罪又咈囒哂商船走漏私
貨並私售例禁之貨中國地方官一體拏究又
如中國人負欠咈囒哂商債無論虧負誆騙該
國人不得向保商追取但准告官責欠賠償儻

負欠之人緝捕不獲或死亡不存或家產盡絶
無力償還不得向官取賠又如咈囒哂人有與
中國人互懷嫌怨應由該國領事官及地方官
妥爲調停遇有爭訟由地方官協同秉公辦理
又如咈囒哂水手人等逃亡該領事官或船主
知會地方官實力查拏解送領事官及船主收
領儻中國人役負罪逃入咈囒哂寓所或商船
隱匿地方官亦即照會領事官查拘送還均不
得稍有庇匿以上各款或禁蠹役之需索或杜

七五三　軍機大臣穆彰阿奏折　遵議酌定法國通商章程（道光二十四年十月三十日）

民夷之爭端或為防範偷漏及嚴禁私帶違禁
貨物並隱匿逃亡起見均應如所奏辦理至咈
囒哂商船如在中國洋面被刦並中國匪徒有
偷竊該國貨行情事由地方官上緊緝拏儻不
能獲犯或不能全起贓物中國例有處分不能
為之賠還其有匪徒放火毀壞咈囒哂房屋貨
財應即行嚴拏治罪於本犯名下追贓著賠至
該國商夷人等在中國貿易與内地民人如有
互相殺傷者内地民人有犯應由地方官拏究

七五三　軍機大臣穆彰阿奏折

遵議酌定法國通商章程

(道光二十四年十月三十日)

照例懲辦該國商夷有犯應由該國領事官拘
拏照該國例治罪此外各條如兩國民人永遠
和好五口地方不得欺凌禮待泯其不平旗號
禁其冐用自雇引水帶領不得阻止留難任雇
剝船運貨不得把持包攬游行越界聽憑查
拏外夷相爭自行料理兵船損壞則興修無阻
別國干犯而貿易如常公文有定制以便往來
國書之進呈必由代達彼此各守章程年滿方
可更易臣等覈與前定通商章程均無出入應

悉如所議辦理至延請士民採買書籍一款臣
等前議章程内業經奏明凡延請之人令將姓
名住址呈明地方官存案方准前赴該夷廒館
所購書籍責令各書肆另冊登載以備稽查仍
不得轉囑地方官代為招致强為勻奪此次咈
嘣哂所請情事相同應即查照前議畫一辦理
又如五口地方准令按照價值賃房租地並建
造禮拜堂學房墳地一款原奏稱凡房屋間數
地段寬廣不必議立限制俾相宜獲益等語在

七五三　軍機大臣穆彰阿奏折

遵議酌定法國通商章程

（道光二十四年十月三十日）

該督等原爲俯順夷情曲示寬大但恐要約不
明易滋流弊查本款内議明咈蘭哂人宜居住
宜建造之地地方官會同領事官酌定應即責
成五口地方官於地基擇定後務各劃明界址
永遠遵循止准於議定界址以内租賃房地其
若何建造之處可以毋庸過問至界址以外不
得因此藉詞稍有占越如此則於原訂條約並
無改更而撫綏之中仍不失限制之意又該督
等另片奏稱印度所出丁香係屬中等税例未

七五三　軍機大臣穆彰阿奏折

遵議酌定法國通商章程

(道光二十四年十月三十日)

及賅載議請每百觔稅銀一兩下等丁香原定每百觔稅銀五錢求減為二錢五分並求將洋酒一項原稅一兩者減為二錢原稅五錢者減為一錢等語戶部查上年所定稅例該夷使既一一遵行惟於下等丁香請減稅數現既增入中等丁香每百觔納稅一兩尚可以盈補絀至洋酒一項稅銀請減據該督等奏稱中國人用者寥寥綜計稅銀為數無幾既與稅數無關盈絀應亦如所請辦理臣等伏思立法貴乎周詳

七五三　軍機大臣穆彰阿奏折

遵議酌定法國通商章程（道光二十四年十月三十日）

經久期於無弊招攜懷遠在德禮之兼施禁䛐詰奸在稽查之嚴密現在所議各款經臣等分別覈覆尤在該督等約束堅明地方官奉行妥協方可日久相安永消疑貳應請
旨飭下該督等按照議款宣布
皇仁俾知遵守之規共享安平之福並飭通商各海口慭照所議章程隨地隨時妥慎辦理以仰副我
皇上柔遠安民之至意所有會同速議緣由謹繕摺

七五三　軍機大臣穆彰阿奏折　遵議酌定法國通商章程
(道光二十四年十月三十日)

具奏伏乞
聖鑒訓示謹
奏
道光二十四年十月三十日
臣穆彰阿
臣潘世恩
臣祁寯藻

七五三 軍機大臣穆彰阿奏折

遵議酌定法國通商章程

(道光二十四年十月三十日)

臣賽尚阿

臣何汝霖

臣宗室敬徵

臣宗室端華

臣祝慶蕃

臣宗室成剛

臣阿勒清阿

臣李振祜

臣賡福 差

臣魏元烺

臣斌　良

臣張澧中

七五四　粤海關監督文豐奏折

報告征收關税總數(道光二十五年二月二十八日)

粤海關監督奴才文豐跪

奏爲恭報關税一年期滿徵收總數仰祈

聖鑒事竊照粤海關徵收正雜銀兩向例一年期滿

先將總數

奏明俟查覈支銷確數另行恭疏具

題分款造册解部歷年遵辦在案所有粤海關原

定正額銀四萬兩銅觔水脚銀三千五百六十

四兩又嘉慶四年五月奉户部劄行

欽定粤海關盈餘銀八十五萬五千五百兩欽遵亦在

案兹於道光二十四年正月二十六日起至二十五年正月二十五日止一年期滿大關徵銀二百二十五萬七千七百九兩七錢六分三釐又各口徵銀一十萬三千一百二十二兩三錢九分五釐統計一年期内共徵銀二百三十六萬八百三十二兩一錢五分八釐除徵足正額税銀及銅觔水脚並徵足
欽定盈餘銀兩外計多收銀一百四十六萬一千七百六十八兩一錢五分八釐比較上年所徵税數

七五四　粤海關監督文豐奏折

報告征收關税總數(道光二十五年二月二十八日)

多至三十餘萬兩較之道光二十二年以前額
徵之數倍有盈餘除將到關船隻貨物照例造
冊送部覈對外所有關税一年期滿徵收總數
理合恭摺具
奏再前會
奏撫夷各條摺内聲明福州厦門寧波上海四處
通商所徵夷税統歸粤海關彙覈具
奏兹屆粤海關錢糧報滿之期該四口尚未將通
年徵數咨會到關應俟移咨到齊另為統計覈

算並將粵海關税數覈實支銷再行恭摺具
奏合併陳明伏乞
皇上聖鑒謹
奏
户部知道
道光二十五年二月　　二十八　　日

七五五　兩江總督耆英奏折

遵旨妥辦粵東民夷各項事宜
（道光二十六年三月三十日）

耆英等　遵查籌辦廣東條陳民夷各情由

奏

廿六年三月初四日

協辦大學士兩廣總督臣耆英
廣東巡撫臣黃恩彤跪

奏為遵
旨體察粵東民夷實在情形慎重妥為籌辦據實覆
奏仰祈

七五五　兩江總督耆英奏折

遵旨妥辦粵東民夷各項事宜（道光二十六年三月三十日）

聖鑒事竊臣前承准軍機大臣字寄道光二十六年正月
十三日奉
上諭有人奏廣東夷匪往來事因嘆夷欲進省城設立
馬頭人心不服地方官出示曉諭致有聚衆滋鬧
之事該省設立馬頭應順民之情不宜強民
從夷之語所奏各項情形是否屬實著該督撫悉
心體察一面慎重安撫一面據實奏聞原摺鈔給閱
看將此諭令知之欽此遵
旨寄信前來竊思欲靖外侮先防內變未有不得民
心而可以杜黠夷之窺伺者上年因嘆夷留戍進

七五五　兩江總督耆英奏折

遵旨妥辦粵東民夷各項事宜
（道光二十六年三月三十日）

況夷人之欲看大指俱相賠合直居民就夷等
等參此陳次諭臣不止進城一事為然現在業經
往業經陸續償繳三千餘名均已認有大概
從情其夷人進城之說事臣中止交還舟山
然不敢爽約已由臣並將相機酌辦各緣由
另摺馳
奏外至原摺所稱粵東官民上下相為水火已非
一日粵民與英夷為仇讎即與地方官為仇讎
因而及於三元里之攻擊余保純之告病以為

七五五　兩江總督耆英奏折
遵旨妥辦粵東民夷各項事宜
（道光二十六年三月三十日）

此因地方官未必盡知一節查二十一年以前
之事以英夷求來粵等處甚其原委但聞之
先是於二十一年四月因遭英兵騷擾附近居
民憤而環攻維時當事諭以立赴設和解委為任
廣州府余保純為之開釋各鄉民亦即散去迨
該守患病到在是年八月初距為之已越月之
久宴因府試不洽士心遂致臨場但考為諸生以
卸憤因查明其曲直但不准考究是以引疾求
去與三元里之事全涉且但考亦更在三元之後

七五五　兩江總督耆英奏折

遵旨妥辦粵東民夷各項事宜
（道光二十六年三月三十日）

之民愿相牽合為一体原其因不惟臣粵民雖
多驕悍而其間明理之紳士安分之良農不知
凡幾地方官持之以恩約之以法一切催科聽
斷不難辦理袛為行臣上下相為冰炭况嘆夷
雖以就撫實為仇讎此乃官民之不約而同心
亦但官則馭之以術民則直行其意其間微有
不同若謂以仇夷之故因而仇官則全昧情理
之言粵民雖愚不應有此又謂禁嘆夷進粵城
故云夷館乃因忌惡之尚難指失信假此以撓

七五五　兩江總督耆英奏折

遵旨妥辦粵東民夷各項事宜

(道光二十六年三月三十日)

我武因遂從滋擾廣州府言一為信此後人心益好
消息吾則堅持前議包藏叵測使我若鷸蚌相
持而坐享漁人之利大局可虞一節查該夷求
進粵城不過遊覽都市將見夜長以為之常益
今之夷館之後且善後修約業經載明夷人租
地建屋必須與業主公平議價不得相強是以
粵東城外地方除十三行舊有夷館外夷商欲
受一屋之地幾不可得其城内則更不問可知
該夷必不至前此妄求似係借聞之詞該夷若

七五五　兩江總督耆英奏折

遵旨妥辦粵東民夷各項事宜
（道光二十六年三月三十日）

曾請於黃埔附近設立墟市以便購買食物旋
因衆論不協夷致遂寢原擬訂於二十三年後
奏蒙諭離城二十里之薛湘地方另賃房並撥
夷等至夷情難居發竇宿係帳貸遠來居肆
傳說全無尋常可比未免為所挾恐而主客之
形衆寡之勢又殺戮易明故內民即有欺淩亦
不敢逞予拒後七年公司館被焚但以洋商認
賠完結此次近城之請甚堅執因閩匪往深
擾處無識恐復及十三行頗懷疑懼予之中

七五五　兩江總督耆英奏折

遵旨妥辦粵東民夷各項事宜（道光二十六年三月三十日）

以未嘗不由乎此收權貴緩急輕重不惟居民銳
夷等亦不可即掌握此案遂從亦不宜持之太急
治之太廣雖不至肘腋變生但恐夷人坐觀鷸
蚌之爭而民心遂於懾伏夷情益形驕矜進
逼之請勢將不已不可不預為之計又聞粵
東民情與福州不同自道光元年以後民懷隱恨
甚至不准其入城且深知夷不是畏團練鄉勇
每曰昇平社學民練數萬一夫嘯聚頃刻即成
無端以之恐嚇嘆夷甚於此不受地方官約束

者亦在此一節查粵民情大都相類惟福
州係初設馬頭故于夷人入城亦見而不以為
怪廣州通商數百年並無夷人進城之事而
民之于夷每論婦孺皆呼為番鬼不以齒于人類
故一旦驟聞其進城則以為有乖舊制羣起而
拒之惟大率城內之民居多若三元村里則地居城
北距城十餘里夷人之進城與否該鄉民並不過
問而粵民性情剽悍難與爭鋒亦難與持久必因
三元里一戰遂信為夷不足畏民足禦夷究亦未

七五五　兩江總督耆英奏折

遵旨妥辦粵東民夷各項事宜

(道光二十六年三月三十日)

而係恃其昇平等各社學實與團練鄉勇判
然兩事團練出於召募因有壯勇之名而無
賴游手不免錯雜其間故一旦撤退往往流
而為匪若社學則各聚其鄉之父兄子弟
互相保衛無事散處因而有事聽候調遣
法有類乎寓兵意不外乎保甲雖其眾常不止數
萬而均有公正紳士為之鈐束近年以來不惟
滋擾省垣與官為仇其社學之人不與其事
即焚燬公司館與夷搆釁其亦並無社學之

七五五　兩江總督耆英奏折

遵旨妥辦粵東民夷各項事宜

(道光二十六年三月三十日)

人此次粵省民計共同共見若如原摺所稱一夫
嘯聚頃刻即成事端則是特毀藐民寢不可
制因江將作其兩處更甚于夷實未免言之太
過又所稱此日匪徒流為實因唤夷設立馬
頭地方民生示饒倚以致人心不服屢示屢暨
特倚紳耆而紳耆不克遂釀成聚眾焚毀之
事若仍迫脅以唤夷開館誠恐變生肘腋一節
查夷商運貨上岸之地設立馬頭其租屋群居
之所謂之夷館該夷並無在城內設立夷館之

七五五　兩江總督耆英奏折

遵旨妥辦粵東民夷各項事宜

(道光二十六年三月三十日)

說更無路在城內設立馬頭之多且城內不通河
道亦無地可設馬頭其城外馬頭則設于十三行
河下粵海關貨抽稅即在此處相沿已數百
年並非今日方設初設地方官何從以喚夷頭
立馬頭之請出示悖進城之說又 蒙 曾為示諭
從前實因該夷援四口以為例又藉舟山為要
挾推之念方諱之念堅書經官之司道傳諭紳
耆勸為出示以順夷情而釋其疑無俟出示後
物議沸騰亦不得以眾怒難犯從其所請凡示諭

七五五　兩江總督耆英奏折

遵旨妥辦粵東民夷各項事宜

（道光二十六年三月三十日）

之擲毀長紅之標貼。當 臣等授意曉事紳士密
爲措置，而每人華莫之知，本以杜夷人藉口之端，
而不料有府署被擾之事。當以羣情洶洶，幾
疑爲夷人進城而起，並不將阻止夷人進城之
意明白宣示，不足以安定人心，故于是日即以
前情剴切布告，揭示通衢，與粵民刊刻傳觀，浮言
頓息，本不致激成事端。若謂以嘆夷酋之事
迫脅粵民，臣等實不敢爲此冒昧；又恐積嫌，夷
在我心腹之疾，非大加懲創，不能使之帖然就

七五五　兩江總督耆英奏折

遵旨妥辦粵東民夷各項事宜

(道光二十六年三月三十日)

服該夷貪利年厭久為該夷切齒可以使彼畏
日一節查𠸄夷雖性平就撫而自恃其船堅砲
烈時形桀驁而駕馭之方與防備之具並行
不悖始足乎一日不備亦將借該夷以懲創𠸄
夷則尤有應加詳慎者北年論夷情臣側聞其說
會雖以息邊檣且自古中國之于外夷每多能制之
而後可收之以為用未有力不能制而可借此夷
以制彼夷者即如現在西洋諸國惟咈囒哂為
大咪唎㗉過之均與𠸄夷不睦咈夷並屢遣

助順之說而自暹羅越南輸誠以其地隔重
洋非中國控制所能及若米夷恃其兵力以劉嘆夷
勝負未可預知而兵費所在籌給不貲則嘆夷
因此結怨而通商並開即使能勝而彼自弊
亦必多不免無厭之求更難駕馭殊非計之得者
近日澳門新聞紙以嘆夷本土多事十二月及去
年正月間與印度所屬之嚏嘧等國兩次構兵皆
則嘆夷大費推挽係對嚏等還遠處戰事之累
是無暇徐圖但當示以恩信妥為羈縻之一道

七五五　兩江總督耆英奏折

遵旨妥辦粤東民夷各項事宜

（道光二十六年三月三十日）

七五五　兩江總督耆英奏折

遵旨妥辦粵東民夷各項事宜
（道光二十六年三月三十日）

情固係防商係軍實尤必撫羣我民所
戰與粟所恃而施以固人心而作邦本庶在
我有隱憂之感而在彼亦可稍戢其囂張之
氣矣所有臣等慎重妥辦查明各項實
在情形理合恭摺具
奏伏乞
皇上聖鑒
訓示謹
奏

七五五　兩江總督耆英奏折

遵旨妥辦粵東民夷各項事宜

（道光二十六年三月三十日）

道光二十六年三月二十四日奉

硃批覽奏所議條明晰隨時相機妥辦可

也欽此

三月三十日

七五六　粤海關監督基溥奏折　請俟一二年酌定税額後再行備辦貢品（道光二十六年）

再粤海關監督向應呈
進貢品自道光二十三年七月暫行停止迄今已
歷三載上年七月初五日奴
陛辭出京時奏蒙
聖訓着奴到任後查看情形可否呈進據實具奏等
因欽此欽遵奴抵粤以來按照各關口新定章
程詳覈現在徵收税課情形實係一切規費均
歸正項並無閑款可抵備貢之需惟查管關監
督除每年應支養廉外尚有前監督佶山於嘉

七五六　粵海關監督基溥奏折　請俟一二年酌定税額後再行備辦貢品(道光二十六年)

慶五年奏
准每年更換各口書役酌繳備公銀五六萬兩除每年
解交造辦處米艇規銀三萬兩其餘以資辦公
現在自道光二十四年起每年攤繳葠價銀一
萬二千兩及交納廣儲司皮張變價銀八九千
兩併署内公費一切皆由此項動用竊查攤繳
葠價計至二十九年分可以清完此外再能籌
有餘款得敷備貢之需即當敬謹呈
進現在實屬辦理竭蹶惟有仰懇

七五六 粤海關監督基溥奏折
請俟一二年酌定税額後再行備辦貢品（道光二十六年）

天恩暫行俯准仍照上年七月督撫臣會同前任監督恩吉奏明原案俟一二年酌定税額後再行備辦務具有天良仍當隨時上緊體查設法籌畫斷不敢意存觀望謹將實在情形先行附片奏
聞謹奏

另有旨

七五七 粤海關監督基溥奏折

報粤海關并福州等四關征稅總數
（道光二十七年二月初一日）

粤海關監督奴才基溥跪

奏爲恭報關稅一年期滿徵收總數仰祈

聖鑒事竊照粤海關徵收正雜銀兩向例一年期滿

先將總數

奏明俟查覈支銷確數另行恭疏具

題分款造册解部歷年遵辦在案所有粤海關原

定正額銀四萬兩銅觔水脚銀三千五百六十

四兩又嘉慶四年五月奉户部劄行

欽定粤海關盈餘銀八十五萬五千五百兩欽遵亦在

案兹於道光二十六年正月二十六日起連閏

七五七　粵海關監督基溥奏折

報粵海關并福州等四關征稅總數

（道光二十七年二月初一日）

至十二月二十五日關期報滿止一年期内前監督恩吉管理任内九個月零十九日共徵銀一百四十二萬四千八百五十二兩六錢七分三釐。𡚒接管任内兩個月零十一日共徵銀四十四萬三千五百十七兩四錢二分八釐。以𡚒接徵七十一日比較二十五年十一月十五日至二十六年正月二十五日計尚多徵銀八萬四千餘兩。兩任共徵大關稅銀一百八十六萬八千三百七十兩一錢一釐，各口稅銀一十萬三千七百一十九兩七錢二釐，共徵銀一百九

七五七　粤海關監督基溥奏折

報粤海關并福州等四關征税總數
（道光二十七年二月初一日）

十七萬二千八十九兩八錢三釐統計所徵雖
按從前正額税銀及銅觔水脚並
欽定盈餘數目徵足外多收銀一百七萬三千二十五
兩八錢三釐然比較上年所徵尚少收税銀二
十一萬四千四百四十兩六錢三分九釐推原
其故蓋因上海貿易日增計上年截至九月止
已收至四十五萬二千三百六十六兩四錢八
分七釐以致彼有所盈此有所絀弩仍不敢遽
以為實凡商船出入各關口俱添派巡船嚴密
稽查並會同督撫臣出示嚴禁偷漏以防弊端

總期稅課豐收有盈無絀除將到關船隻貨物
照例造冊送部覈對外所有關稅一年期滿徵
收總數理合恭摺具
奏再前於道光二十三年更定稅務新章會
奏案内聲明福州厦門寧波上海四處海關所徵
夷稅統歸粤海關彙覈具
奏查二十五年分福州厦門寧波上海四關共收
銀五十二萬三千一百七兩二錢二分六釐茲
二十六年分以上四關雖未據將通年徵收總
數咨會到關難以懸定就現在准到文移除江

七五七 粤海關監督基溥奏折

報粤海關并福州等四關征税總數
(道光二十七年二月初一日)

海關自二十六年正月二十六日起截至九月據報徵銀四十五萬二千三百六十六兩四錢八分七釐較前多收銀二萬四千餘兩浙海關自二十六年正月二十六日起截至九月據報徵銀二千一百七十三兩三錢七分九釐閩海關及福州南臺口自二十六年正月二十六日起截至九月據報徵銀二萬六千九百八十六兩七錢一分三釐其續徵之銀尚未咨報已共徵銀四十八萬一千五百二十六兩五錢七分九釐是本年粤海關雖較上年少收銀二十一

七五七　粤海關監督基溥奏折

報粤海關并福州等四關征税總數

(道光二十七年二月初一日)

萬四千四百四十兩六錢三分九釐而各關通
商就現報經徵九個月之數業已較上年前三
季九個月多收銀一萬六千九百餘兩遵照
奏准條例統歸粤海關彙覈仍屬日形充足俟各
關移咨到齊另為統計覈算並將粤海關税數
覈實支銷再行恭摺具
奏合併陳明伏乞
皇上聖鑒謹
奏
戶部知道
道光二十七年二月　初一　日

七五八 兩江總督耆英奉上諭

英兵突入省河著嚴密防堵（道光二十七年三月初七日）

軍機大臣 字寄

協辦大學士兩廣總督兼署廣東巡撫耆 廣
州將軍穆 漢軍副都統官 道光二十七年
三月初七日奉

上諭耆英等奏夷船突入省河堅請進城現在防堵
酌辦情形一摺暎酋藉詞夷人被華民欺淩之嫌
輒帶領兵船突入省河在十三行灣泊並令夷兵
潛上礮臺釘塞礮眼先經委員探詢該督復前往
面見據該酋聲稱欲往佛山與華民較論並堅請
即行進城等語該夷遵守成約邇來頗為安靜此
次所請殊為意料所不及抑或另有他故至進城

一節本屬無關輕重該督等惟當一面督飭文武
員弁迅速布置嚴密防堵一面向該酋剴切曉諭
相機妥籌固不可過事張皇尤不可稍形疏懈並
著嚴飭地方官彈壓鎮靜勿令匪徒竊發致擾居
民至礮臺疏防各營弁著查明嚴叅該督自請嚴
議之處著俟事定後再行奏請將此由五百里加緊
諭令知之欽此遵
旨寄信前來

七五九　兩江總督耆英奏折

英船突入省河現在酌辦情形
（道光二十七年三月初七日）

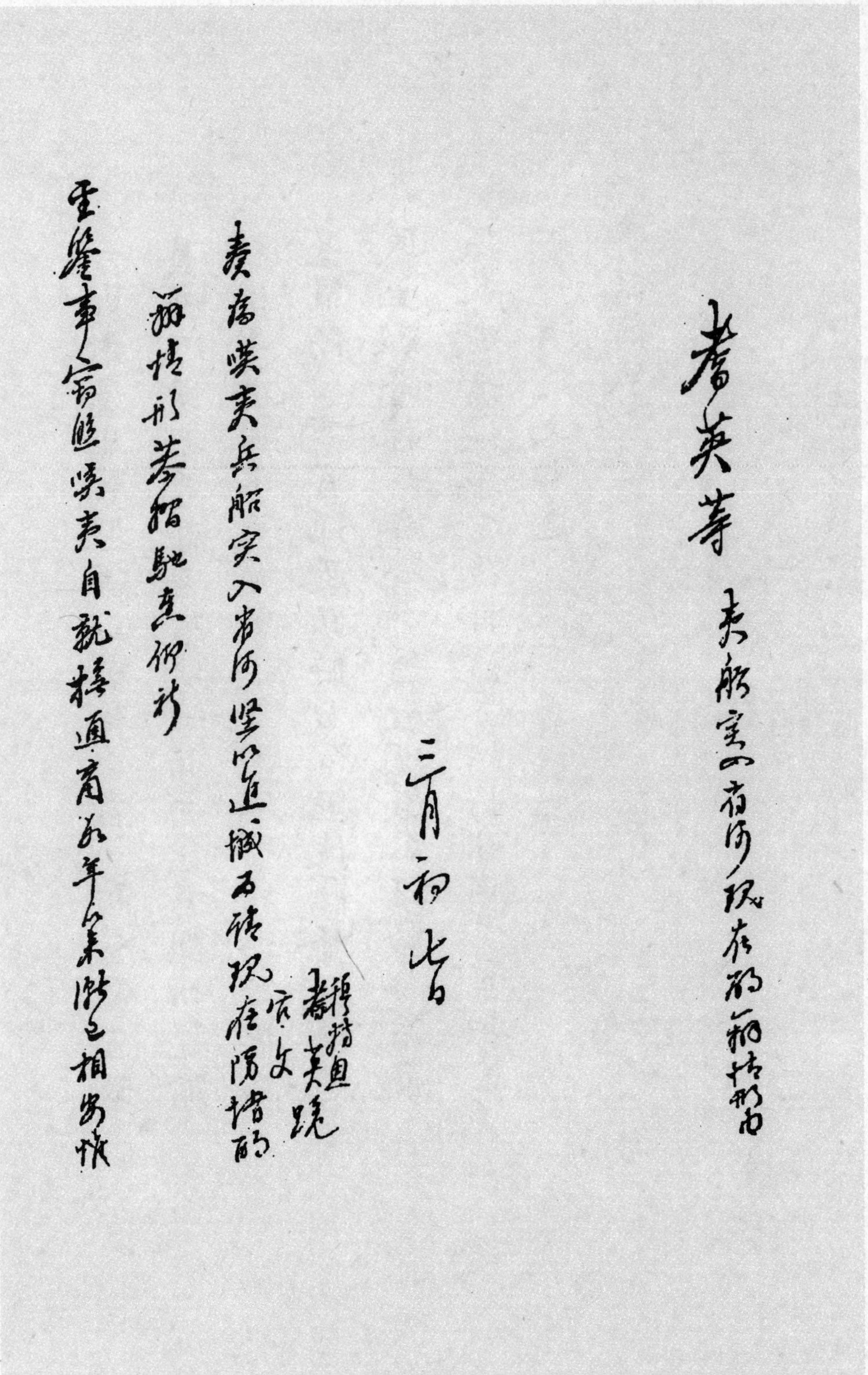
耆英等

奏夷船突入省河現在酌辦情形由

三月初七日

穆特恩
耆英跪
宸文

奏為嘆夷兵船突入省河堅以違約為請現在隨時酌

辦情形恭摺馳奏仰祈

聖鑒事竊照嘆夷自就撫通商數年以來漸已相安無

七五九 兩江總督耆英奏折

英船突入省河現在酌辦情形

（道光二十七年三月初七日）

作福州上海等處俱准夷人進城而廣東因舊制
不准進城該夷時屢請屢拒二十五年冬間夷酋唯
嗹啪時曾以緩交舟山要求挾制經臣耆英以輿情不洽
議約准總進該夷將舟山交還仍以進城一節暫
請緩不意竟將等情載諸條款是該夷進城之念
未嘗或息而粵民又復存鄙見彼則請之愈急民
則拒之愈堅上年秋間有英夷二人私行入城被居民
毆打受傷經官兵送出來後聚衆各犯問該夷請將洋
行夷館前兩花園中間墻上搭一過橋以便往來曠
地共地不過二丈內外而居民出而阻止本年正月有夷

七五九　兩江總督耆英奏折

英船突入省河現在酌辦情形
（道光二十七年三月初七日）

人前往赴距省六十里之佛山鎮閒遊復被該鎮民眾
尋釁人用石毆擊經官兵救護送出始免受傷旋據
地方官稟報正在查辦間詎該夷酋啡嘛帶同火
輪船三隻划艇三板二十餘隻夷兵一千餘名於二月十
八日突入省河在十三行灣泊時值撫臣親自督巡洋
外出防堵各礮臺因粵省係通商馬頭夷船出入事
所恆有且該夷欵接入後竟先肆擾猝不及防範
致開礮轟擊以致該夷兵得行等之間有拆工礮臺
將礮眼釘塞臣耆英因夷情叵測勢甚猖狂而
會同臣穆特恩臣官文調集滿漢綠營官兵及社學

七五九　兩江總督耆英奏折

英船突入省河現在酌辦情形

（道光二十七年三月初七日）

壯勇將防堵守城各事宜迅速布置一面派委署肇羅道
趙長齡在籍道員潘仕成候補知府銅麟即補同知富
呢揚阿督標中軍副將崑壽前往虎門探其來意該
夷目等惟以華民欺凌夷人官不究亦求為伸冤並稱將前
往佛山鎮向居民滋擾復經該委員等向其逐層
駁詰該夷目等無理可說則以另有要事必須臣耆英
出城與晤商面議等語臣以佛山鎮民互鬥事屬
細微且官兵救護並未受傷祇可由官查究該夷
何得前往私行報復抑或其中另有別情自應親
往面見該酋查詢明確以便相機酌辦當於十九日

七五九　兩江總督耆英奏折

英船突入省河現在酌辦情形
（道光二十七年三月初七日）

帶同委員黃恩彤趙長齡潘仕成等前赴夷樓
面見德庇時先責以負約之非次詢其稱兵之故據
該酋聲稱伊等自五口通商所有福州上海等處俱
准進城惟廣州屢求不允非惟進城之夷人被毆
受傷即城外市鎮有游逛之夷人亦不免任意欺辱且
洋行前面因中間搭一過橋亦不肯聽其修理甘
是以帶兵來省將往查佛山與粵民較論並請即
行進城等語　臣耆英署內回拜如不依允但即帶兵
闖入其言甚為憤激疊加開導該酋佛山之行尚可
中止而進城之請意屬堅執　臣查夷人進城不過以入署

七五九　兩江總督耆英奏折

英船突入省河現在酌辦情形

（道光二十七年三月初七日）

見官為榮尚非別有他志即如福州等處俱准進城數年以來並未滋擾是其明證若再准進城則深以為辱無如粵民過存輕視屢向聚毆該夷偶有所欲租地建房等細事亦復率眾阻撓地方官以民為本又未便違拂輿情曲徇該夷請 臣數年以來與夷接 臣黃恩彤於民夷交涉事件斟酌調停實已智盡能索而未竟緩者今日之變揆衷愧怍無地自容除會同 臣穆特恩 臣宗文將一切防守事宜妥為籌程俾不得過事張皇致開兵釁尤不可稍有疏懈致誤墮奸謀並諄囑同司道嚴飭文武將

七五九 兩江總督耆英奏折

英船突入省河現在酌辦情形
（道光二十七年三月初七日）

地方保衛辟歷鎮靜籌辦免致匪徒乘間竊發
官民因而驚擾一面諭同各委員向夷酋相機駕馭
先阻其深擾佛山再將進城一節從緩酌辦仍俟隨
時馳奏至查明職名疎防之營弁另摺嚴參外臣耆
英先據摺馳奏緣奉有諭旨應請
旨先行交部嚴加議處所有英夷兵船突入省河及防堵
酌辦緣由理合恭摺馳
奏伏乞
皇上聖鑒訓示謹
奏

七五九　兩江總督耆英奏折

英船突入省河現在酌辦情形
（道光二十七年三月初七日）

道光二十七年三月初七日奉

硃批：意料所不及，或另有他故，即有旨

七六〇 粤海關監督基溥奏折

粤海關征收税銀總數并福州等四關現報數目(道光二十八年二月初九日)

粤海關監督奴才基溥跪

奏爲恭報關税一年期滿徵收總數仰祈

聖鑒事竊照粤海關徵收正雜銀兩向例一年期滿

先將總數

奏明俟查覈支銷確數另行恭疏具

題分款造册解部又粤海關原定正額銀四萬兩

銅觔水脚銀三千五百六十四兩又嘉慶四年

五月奉户部劄行

欽定粤海關盈餘銀八十五萬五千五百兩欽遵辦理

各在案兹查道光二十六年十二月二十六日

起至二十七年十二月二十五日關期報滿止
一年期内大關共徵銀一百七十二萬四千七
兩一錢二分五釐各口共徵銀一十萬一千二
百一十五兩九錢三分二共徵銀一百八十二
萬五千二百二十三兩五分五釐統計所徵查
按從前正額税銀及銅觔水脚並
欽定盈餘數目徵足外多收銀九十二萬六千一百五
十九兩五分五釐比較上年所徵少收銀一十
四萬六千八百六十六兩七錢四分八釐零除
將到關船隻貨物照例造冊送部覈對外所有

七六〇　粤海關監督基溥奏折

粤海關征收税銀總數并福州等四關現報數目(道光二十八年二月初九日)

徵收關税一年期滿循例恭摺具
奏再前於道光二十三年更定税務新章會
奏案内聲明福州厦門寧波上海四處海關所徵
夷税統歸粤海關彙覈具
奏查二十六年分福州厦門寧波上海四關共徵
銀七十萬一千六百六十一兩二分兹二十七
年分雖未據將通年徵收總數咨會到關難以
懸定就現在准到文移查江海關自二十六年
十二月二十六日起至二十七年九月二十五
日止據報徵銀三十六萬一千三百四十四兩

七六〇　粤海關監督基溥奏折

粤海關征收税銀總數并福州等四關現報數目（道光二十八年二月初九日）

九錢三分七釐浙海關自二十六年十二月二十六日起至二十七年八月二十五日止據報徵銀一千五百七十一兩九錢二分六釐閩海關及福州南臺口自二十六年十二月二十六日起至二十七年八月二十五日止據報徵銀二萬三千二百一十四兩一錢九分六釐以上各口續徵之數尚未咨報現共徵銀三十八萬六千一百三十一兩五分九釐餘俟各關移咨到日另為統計覈算外所有粤海關一年期滿徵收總數並各關口現報數目理合恭摺具

奏伏乞
皇上聖鑒謹
奏
戶部知道
道光二十八年二月　初九　日

七六一　粤海關監督基溥奏折

粤海關比較上年少收税課緣由

（道光二十八年二月初九日）

再查粤海關税務自上年新季開徵起逐日所收尚無短絀惟二月十八日㕭夷兵船突入省河雖數日旋即退出而以後錢糧頓見稀少直至五六月間稍有起色然未能趕補前絀截至九月初間比較二十六年少收銀十三萬有奇迨九月以後税課來源大旺每日錢糧較之春夏多至數倍未及兩月遂將前短之數趕補十二萬餘兩比較二十六年僅少收一萬有奇詧方冀十一十二兩月再能如前旺收則滿關時

七六一　粤海關監督基溥奏折

粤海關比較上年少收稅課緣由
(道光二十八年二月初九日)

比較二十六年所收之數定可豐盈詎意十一月間復有黄竹岐地方民夷互毆一案以致各客商心懷疑懼漸覺裹足不前每日所收稅銀或三四千兩或千餘兩不等截至滿關之期遂較上屆少收至十四萬有奇㚖誠恐海商遼闊夷情詭詐難保無奸商繞越走私等弊當即親往黄埔海口督飭通事丁胥人等明察暗訪一面咨商督撫臣密派妥員隨時訪查覈計十一十二兩月進口出口貨船不及往時一月之數

七六一 粤海關監督基溥奏折

粤海關比較上年少收税課緣由
(道光二十八年二月初九日)

現自二十七年十二月二十六日新季開徵起
即今又經月餘税務尚無起色又聞茶客夷商
皆有虧缺貲本貨物壅滯不銷情事𢑥覩此情
形日深焦灼惟有隨時設法相機辦理以期税
課漸次豊旺謹將比較上年少收税課緣由附
片據實具
奏伏乞
聖鑒謹
奏
户部知道

七六二　粵海關監督基溥奏折

報告關税收支實數及福州等四關征收數目（道光二十八年五月初一日）

粵海關監督奴才基溥跪

奏爲恭報關税收支實數仰祈

聖鑒事。竊照粵海關每年徵收關税銀兩，例於滿關後三個月將收支實數分款造報。兹查道光二十七年分關税，自二十六年十二月二十六日起至二十七年十二月二十五日止，一年期内大關徵銀一百七十二萬四千七兩一錢二分五釐，各口徵銀一十萬一千二百一十五兩九錢三分。於本年二月初九日將經徵總數恭摺奏明在案。現屆三個月期滿，相應照例造報。查二

十七年分徵收税銀内除循例支出正額銀四
萬兩銅觔水脚銀三千五百六十四兩普濟院
公用銀四萬兩分别解交藩司糧道衙門取有
實收送部查覈又除支銷通關經費養廉工食
及鎔銷折耗等銀七萬二千六百四十兩九錢
八分三釐又除循例動支報解水脚銀四萬五
千二百一十六兩三錢七分二釐又除部飯食
銀四萬四千二百五十兩六錢九釐又除解交
造辦處裁存備貢銀五萬五千兩又除撥解廣
儲司公用銀三十萬兩又除支正雜盈餘平餘

水脚部飯食廣儲司各款加平銀六萬一千四百九十兩六錢一分九釐應存解户部關税銀一百一十六萬三千六十兩四錢七分二釐數內又遵

旨酌留尾數解貯藩庫之款奏與署督臣徐廣縉面議即按二十七年分徵收總數除盡支銷例解各款應存銀一百一十六萬三千餘兩即以六萬三千六十兩四錢七分二釐之尾數留解藩庫存貯備用外實應解交户部銀一百一十萬兩伏查粤海關税經督臣耆英會同奏具

奏於二十七年為始按季解京奉部議准劄知到
關遵於上年分季起解陸續共解過銀一百一
十萬兩隨加平銀一萬六千五百兩又二十五
兩加平銀二萬七千五百兩委員分批解赴户
部投納在案尚存前項循例開支數内除動支
仍應報解水脚等五款共銀五十萬五千九百
五十七兩六錢除已解部加平銀四萬四千兩
實存解銀四十六萬一千九百五十七兩六錢
又另款平餘銀一千三百三十一兩九錢八分
八釐又另存留貯藩庫節存盤費銀四百六十

九兩四錢三分三釐又另存内務府咨撥解交
廣儲司公用奏准開支撞費布袋劈鞘用費銀
二千四百兩共計分款開支仍應解京銀四十
六萬六千一百五十九兩二分一釐内除各口
已徵未解銀五萬五千八百一十一兩八錢一
分三釐督上緊嚴催俟完繳到日再行彚辦實
存應解銀四十一萬三百四十七兩二錢八釐
現已咨請委員過關接續起解再查會
奏通籌五關收税摺内聲明福州厦門寧波上海
四處通商所有徵收夷税各數歸入粤海關彚

併計算具摺
奏報移咨辦理在案兹屆粵海關錢糧報滿之期
節准福州等關將二十七年分徵收稅鈔銀兩
數目陸續咨會前來查福州關共徵銀四兩三
分九釐厦門關共徵銀二萬九千一百三十二
兩二錢一分三釐寧波關共徵銀一千五百七
十一兩九錢二分六釐上海關共徵銀六十二
萬八千二百七十四兩二分一釐合併聲明除
循例造冊送部覈銷外謹將支銷各款及四關
徵收數目緣由恭摺具

七六二　粵海關監督基溥奏折

報告關税收支實數及福州等四關征收數目(道光二十八年五月初一日)

奏伏乞

皇上聖鑒謹

奏

户部知道

道光二十八年五月　初一　日

七六三　粤海關監督基溥奏折

粤海關征税總數并福州等四關現報數目(道光二十九年二月十二日)

粤海關監督奴才基溥跪

奏為恭報關税一年期滿徵收總數仰祈

聖鑒事竊照粤海關徵收正雜銀兩向例一年期滿

先將總數

奏明俟查覈支銷確數另行恭疏具

題分款造册解部又粤海關原定正額銀四萬兩

銅觔水脚銀三千五百六十四兩又嘉慶四年

五月奉户部劄行

欽定粤海關盈餘銀八十五萬五千五百兩欽遵辦理

各在案兹查道光二十七年十二月二十六日

七六三　粤海關監督基溥奏折

粤海關征税總數并福州等四關現報數目(道光二十九年二月十二日)

起至二十八年十二月二十五日關期報滿止一年期内大關共徵銀一百三十一萬八千九百一兩四錢二釐各口共徵銀一十萬五千一百四十四兩五錢一分四釐二共徵銀一百四十二萬四千四十五兩九錢一分六釐統計所徵查按從前正額税銀及銅觔水脚並
欽定盈餘數目徵足外多收銀五十二萬四千九百八十一兩九錢一分六釐比較上年所徵少收銀四十萬一千一百七十七兩一錢三分九釐券除將到關船隻貨物照例造册送部覈對外所

七六三　粤海關監督基溥奏折

粤海關征税總數并福州等四關現報數目(道光二十九年二月十二日)

有徵收關税一年期滿循例恭摺具
奏再前於道光二十三年更定税務章程會
奏案内聲明福州厦門寧波上海四處海關所徵
夷税統歸粤海關彙覈具
奏查二十七年分福州厦門寧波上海四關共徵
銀六十五萬八千九百八十二兩一錢九分九
釐兹二十八年分尚未據將通年徵收總數咨
會到關難以懸定就現在准到文移江海關自
二十七年十二月二十六日起至二十八年九
月二十五日止據報徵銀二十二萬七千四百

七六三　粤海關監督基溥奏折

粤海關征税總數并福州等四關現報數目（道光二十九年二月十二日）

九十三兩五錢一分七釐浙海關自二十七年十二月二十六日起至二十八年九月二十五日止據報並未徵收夷稅閩海關及福州南臺口自二十七年十二月二十六日起至二十八年九月二十五日止據報徵銀一萬七千二百三十五兩八錢八分五釐以上各口續徵之數尚未咨報現共徵銀二十四萬四千七百二十九兩四錢二釐餘俟各關移咨到日另爲統計彙算外所有粤海關一年期滿徵收總數並各關口現報數目理合恭摺具

奏伏乞
皇上聖鑒謹
奏
户部知道
道光二十九年二月十二日

七六三　粤海關監督基溥奏折
粤海關征稅總數并福州等四關現報數目(道光二十九年二月十二日)

七六四　粵海關監督基溥奏折

粵海關收支實數及福州等四關征收數目（道光二十九年閏四月初六日）

粵海關監督奴才基溥跪

奏爲恭報關税收支實數仰祈

聖鑒事竊照粵海關每年徵收關税銀兩例於滿關後三個月將收支實數分款造報兹查道光二十八年分關税自二十七年十二月二十六日起至二十八年十二月二十五日止一年期内大關徵銀一百三十一萬八千九百一兩四錢二釐各口徵銀一十萬五千一百四十四兩五錢一分四釐於本年二月十二日奴才將經徵總數恭摺

七六四 粤海關監督基溥奏折

粤海關收支實數及福州等四關征收數目(道光二十九年閏四月初六日)

奏明在案現屆三個月期满相應照例造報查二十八年分徵收税銀内除循例支出正額銀四萬兩銅觔水脚銀三千五百六十四兩普濟院公用銀四萬兩分别解交藩司糧道衙門取有實收送部查覈又除支銷通關經費養廉工食及鎔銷折耗等銀六萬九千七百六十六兩三錢九分三釐又除循例動支報解水脚銀三萬三千九百三十六兩七錢七分七釐又除部飯食銀三萬三千三百三十二兩五錢四釐又除解交造辦處裁存備貢銀五萬五千兩又除撥

解廣儲司公用銀三十萬兩又除支正雜盈餘
平餘水脚部飯食廣儲司各款加平銀四萬六
千三百一十四兩八分八釐淨應解户部關税
銀八十萬二千一百三十二兩一錢五分四釐
内除奉撥解交南河工用銀二十六萬兩又除
已解部正雜盈餘銀五十一萬九千二百九十
三兩九錢二分四釐實存尾數銀二萬二千八
百三十八兩二錢三分並與督臣徐廣縉面商
卽作為遵
旨應酌留本年解貯藩庫之款外伏查粤海關税銀

於二十七年五月内
奏准按季解京兹二十八年分關税陸續共解過
銀五十五萬三千二百三十兩七錢一釐内正
雜盈餘銀五十一萬九千二百九十三兩九錢
二分四釐動支報解水脚銀三萬三千九百三
十六兩七錢七分七釐共隨加平銀八千二百
九十八兩四錢六分又續增之二十五兩加平
銀一萬三千八百三十兩七錢六分八釐委員
分批解赴户部投納尚應存前項循例開支數

內除動支仍應報解水脚等五款共銀四十六
萬八千五百八十三兩三錢六分九釐內除已
解水脚銀三萬三千九百三十六兩七錢七分
七釐又已解加平共銀二萬二千一百二十九
兩二錢二分八釐共解過銀五萬六千六十六
兩五釐實存解銀四十一萬二千五百一十七
兩三錢六分四釐又另款平餘銀九百五十兩
四錢三分七釐又另存留貯藩庫節存盤費銀
一百七十兩一分二釐又另存內務府咨撥解

七六四　粵海關監督基溥奏折　粵海關收支實數及福州等四關征收數目(道光二十九年閏四月初六日)

交廣儲司公用奏准開支撻費布袋脚用費
銀二千四百兩共計分款開支仍應解京銀四
十一萬六千三十七兩八錢一分三釐内除各
口尚未解到銀五萬二千三百七十四兩一錢
三分七釐※上緊嚴催到日隨時起解現在實
存應解銀三十六萬三千六百六十三兩六錢
七分六釐已經咨請督臣飭司委員過關分批
起解再查福州廈門寧波上海四處通商所有
徵收夷稅各數歸入粵海關彙併計算歷經按

照辦理在案兹屆粤海關錢糧報滿之期節准
福州等關將二十八年分徵收税鈔銀兩數目
陸續咨會前來查福州關共徵銀三十一兩四
錢厦門關共徵銀二萬四千五百六十八兩三
錢六分七釐上海關共徵銀五十四萬九百七
十兩二錢九分七釐寧波關本年並無徵收夷
税合併聲明除循例造册送部覈銷外謹將支
銷各款及四關徵收數目緣由恭摺具
奏伏乞

皇上聖鑒謹

奏

該部院知道

道光二十九年閏四月　初六　日

七六五　兩廣總督徐廣縉奏折

酌移澳門稅口（道光二十九年閏四月初七日）

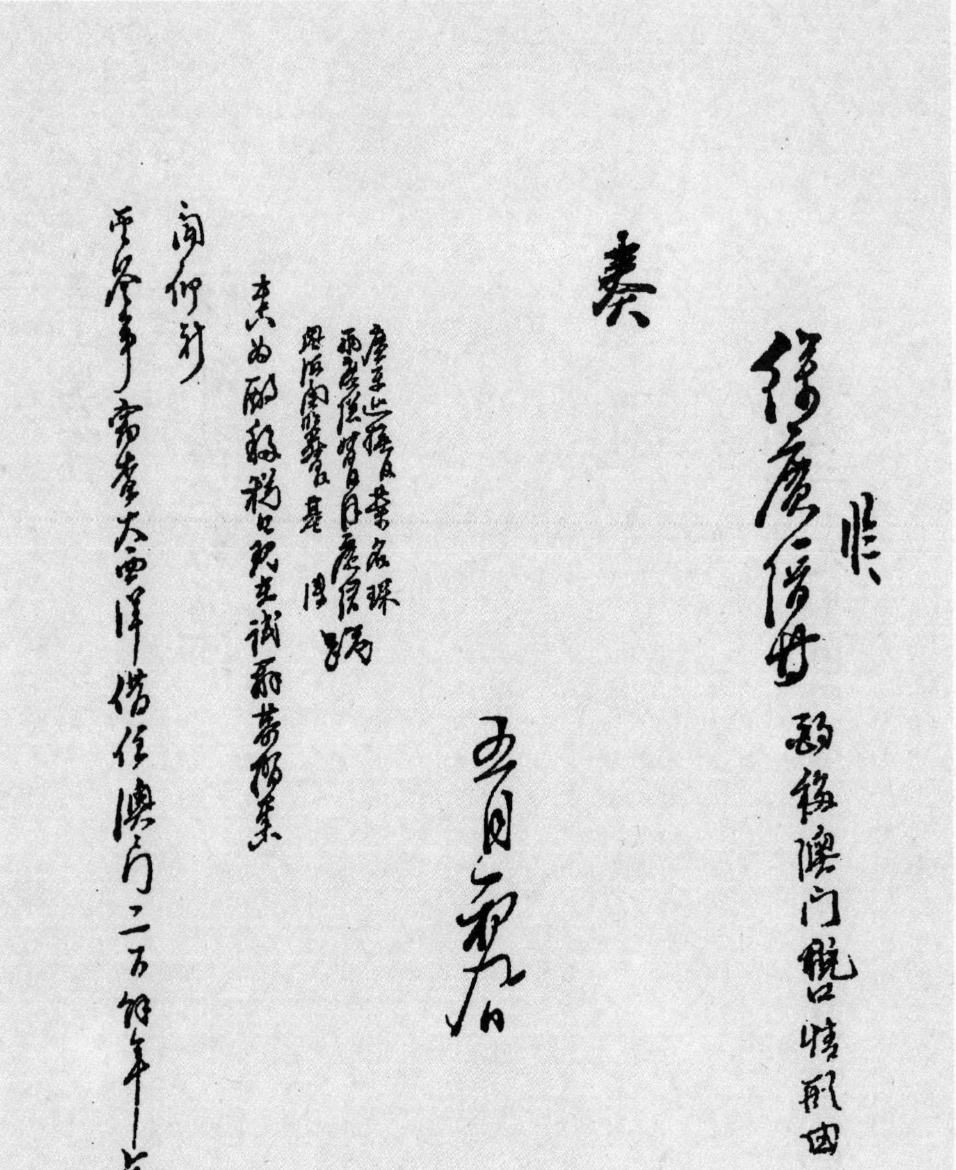
徐廣縉跪
奏酌移澳門稅口情形由
五月初八日

廣東巡撫臣葉名琛
兩廣總督臣徐廣縉跪
粵海關監督臣基溥
奏為酌移稅口現在試辦情形恭摺
奏仰祈
聖鑒事竊查大西洋借住澳門二百餘年每年納

七六五　兩廣總督徐廣縉奏折　酌移澳門稅口（道光二十九年閏四月初七日）

想各洋夷人出外經之藩屬安分營生素稱
恭順所資貿易莫若奏定澳門貿易章程內開
澳門原有額船二十五號遇額船朽壞補新船
舊船均照新章酌減三成好以體恤之意亦較
他國爲最伏乃因英夷連年驕縱亦思乘機效
尤本年二月正值英夷望冀進城洶洶欲動該大西
洋夷酋哩嗎哆忽來照會以兵船既不設關澳門關
口亦當倣照裁撤並欲在省城添設領事官一
如英夷所爲當經臣徐廣縉覆以該國在省城
並無貿易何必設立領事徒飾外觀澳門稅口歷久相

七六五　兩廣總督徐廣縉奏折

酌移澳門稅口(道光二十九年閏四月初七日)

易更何得擾亂舊制該國頻年窮蹙莫見其開
倚再無知妄作中外各商俱抱不平生理必至虧
見情形切宜熟思勿貽後悔乃啞喇橫狠異常
竟于二月十七日突率夷兵數十人釘閉關門
驅逐丁役由前山同知陸孫縣丞讀查辦前
來臣等逐日密加偵探啞喇於釘閉關門之
後即赴香港借兵船一隻搭兵四百名
助守該夷砲臺顯係嗾夷為之狼狽為奸故
使激怒中國調各師船進剿澳門彼即乘虛
可以且咪咈呂宋各夷商皆在澳租樓居

七六五　兩廣總督徐廣縉奏折　酌移澳門稅口(道光二十九年閏四月初七日)

往大兵既到何能區分必將羣起與我爲敵
況大西洋之作惡者特哑嗎勒嘹兩酋餘皆
上年尚屬安分縱使戰獲全勝哑酋必逃往本
國元惡既去所餘詐夷何忍草薙禽獮而大兵
勢難久住一經撤防伊必竄回是以大醜而肇
大局竟難計出萬全臣基溥諗知澳門行店
福潮行　家爲最大前店四家依之者半皆有
機房夷人既非生亂而象胥仍嘖向國書口呈單
烟稅是其天良未泯臣有所徵臣甚再四籌思惟有
用夷以制夷特由臣基溥會同督糧道臣柏貴傳

七六五 兩廣總督徐廣縉奏折 酌移澳門稅口(道光二十九年閏四月初七日)

到省中福潮嘉應各屬商論知利害曉以奉
關口則無稅課無稅課則化貨皆為私貨商如何
通行該商等皆深明大義寔稱歷前因貿寔而
澳門既收房租復抽地稅近年以來本屬不勝
其擾特因關口所在礙難遷移權且隱忍今夷人
既如此作梗情願另立馬頭其餘零星小舖亦
當相隨遷徙衆商既去則澳門生意全無不必
糜費興師已可坐之生困該商等自貽戚衆互相
稽查衆口同聲斷不敢稍虧稅課現在查勘
離省六十里之黃埔地方適中房間亦頗湊合

七六五　兩廣總督徐廣縉奏折

酌移澳門稅口(道光二十九年閏四月初七日)

嘗經懸立招牌諏吉開市查該處向為夷人
貨船停泊之所本立有小稅口今商棧既多即
係澳門關口丁役人等移旅此處因駐所有添
建稅館房屋應由臣基溥動款籌理再查澳
門關口近三年所收稅課每年不過一萬數千
兩為數無多易地亦尚可辦昨據委辦之紳
士伍崇曜來署面稟咩酋見華商全去深恐搗
其巢穴又復潛往香港與咦酋借兵保護咦酋
當即斥以所為本非情理經眾議進擬商款
和好斷無助伊用兵之理咩酋始悟為人所愚

七六五　兩廣總督徐廣縉奏折

酌移澳門稅口（道光二十九年閏四月初七日）

甚爲憂懼所以前來遞信。

奏等因衆商相度地基尚未定局又值咉夷覘覦

進城時萌蠢動不敢同時瀆陳遠技

宸廑今咉之生事等既悔禍而就我範圍則助之爲虐

等庶回心而息彼驕恣惟有飭知現居澳門縣

丞任政勤探密查隨時察看情形妥爲處置

查福潮各商急公向上殊屬可嘉已由臣等給

與匾額以示激勸該行店均覺感幸非常堪以

仰慰

聖懷所有酌移稅口現在試辦緣由臣等謹合詞恭

七六五　兩廣總督徐廣縉奏折　酌移澳門稅口（道光二十九年閏四月初七日）

摺具
奏伏乞
皇上聖鑒訓示謹
奏
道光二十九年五月初九日奉
硃批　欽此
閏四月初七日

七六六　粵海關監督基溥奏折
交代關庫錢糧并回京起程日期
(道光二十九年閏四月初十日)

粵海關監督奴才基溥跪

奏為恭報交卸起程日期仰祈
聖鑒事竊奴才承准户部劄知於道光二十八年十二
月十四日奉
旨粵海關監督著明善去欽此茲新任監督明善於
閏四月初十日行抵廣東省城奴才隨派大關委
員張浩良恭齎粵海關關防一顆并庫貯錢糧
逐款造册移交接收奴才交代後即行起程回京
再所有奴才現徵二十九年分關税自道光二十

七六六 粤海關監督基溥奏折

交代關庫錢糧并回京起程日期（道光二十九年閏四月初十日）

八年十二月二十六日起連閏至二十九年十一月二十五日止關期始行届滿今截至交代之日大關已徵銀二十五萬三千九百五十七兩二錢五分六釐又各口現册報到共徵銀七千五百三十六兩一錢三分八釐另澳門福潮各行存棧貨物搬運進省照例收納税銀二千三百十一兩六錢九分七釐應俟滿關之期由接任監督明善彙總具

奏合併陳明除循例恭疏

七六六 粵海關監督基溥奏折

交代關庫錢糧并回京起程日期
(道光二十九年閏四月初十日)

題報外所有夯交卸起程日期理合繕摺具
奏伏乞
皇上聖鑒謹
奏
覧

道光二十九年閏四月初十日

七六七　兩廣總督徐廣縉奏上諭

著準所議將澳門稅口移至黃埔
（道光二十九年五月初九日）

軍機大臣　字寄
欽差大臣兩廣總督徐　廣東巡撫葉　道光二十
九年五月初九日奉
上諭徐廣縉葉名琛等奏酌移稅口現在試辦一摺
覽奏已悉澳門稅口前因大西洋夷酋無知擾亂
業經該督等商令基溥柏貴傳到衆商諭知利害該商等情願另立馬頭議
定規條互相稽查衆口同聲斷不敢稍虧稅課現
已勘明黃浦地本適中即將澳門關口丁役人等
移此駐守一遷徙間既可俯順商情並足使該夷
坐困且免糜帑興師籌計較為周妥著即照議辦

七六七　兩廣總督徐廣縉奉上諭

著準所議將澳門稅口移至黃埔
（道光二十九年五月初九日）

理惟該酋等現雖自悔為人所愚不復譸張而夷
性貪詐難保不狼狽為奸時生枝節澳門縣丞一
官卑難恃
員恐耳目難周該督等仍當遴派妥員隨時前往訪
察一有蠢動務即相機開導加意防維總期夷情
就範而關稅亦照常徵收乃為妥善將此諭令知
之欽此遵
旨寄信前來

七六八　粤海關監督明善奏折

接收交代關庫現存各款銀兩盤核數目相符(道光二十九年五月十八日)

粤海關監督奴才明善跪

奏為恭報接收交代關庫現存各款銀兩盤覈數

目相符仰祈

聖鑒事竊奴才荷蒙

恩命簡放粤海關監督業將到任接印日期恭疏

題報並繕摺叩謝

天恩在案兹准前監督基溥移交關庫存貯各款銀

兩奴才分日逐一盤查現徵道光二十九年分關

税自二十八年十二月二十六日起至二十九

七六八　粤海關監督明善奏折

接收交代關庫現存各款銀兩盤核數目相符(道光二十九年五月十八日)

年閏四月初九日止計四個月零十四日大關各口共徵銀二十六萬一千四百九十三兩三錢九分四釐内除照例支銷過通關經費等銀一萬三千五百五十八兩三錢七分三釐及大關各口已徵未完解銀二萬四千四百一十二兩六錢一分七釐實存庫銀二十二萬三千五百二十二兩四錢四釐又另存平餘銀一十四兩三分三釐又另存丙午及二十四年分加平銀一萬三千二百七十兩二錢五分六釐又存

二十六年分水脚平餘并加平等銀二萬三千
八百九十五兩七錢七分又存二十七年分備
貢水脚平餘并加平等銀七萬七千三百四兩
七錢一釐又存二十八年分廣儲司公用備貢
部飯食平餘并加平等銀三十六萬三千七百
九十七兩六錢三分一釐又另存解造辦處閒
款銀三萬九千一百七十一兩六錢九分三釐
又另款存貯洋商折貢銀一萬兩以上共實存
在庫銀七十五萬九百七十六兩四錢八分八

七六八　粵海關監督明善奏折　接收交代關庫現存各款銀兩盤核數目相符（道光二十九年五月十八日）

釐並接款詳查所存數目相符尚有大關各口欠繳丙午及二十四二十六二十七二十八等年分未完銀兩並現在勒限嚴催一俟完繳齊全卽行分別解納以清欠款所有接收交代盤覈關庫現存銀兩數目相符緣由除循例恭疏

題報外理合繕摺具

奏伏乞

皇上聖鑒謹

奏

七六八　粤海關監督明善奏折　接收交代關庫現存各款銀兩盤核數目相符(道光二十九年五月十八日)

覽

道光二十九年五月十八日

七六九 粤海關監督明善奏折

解交造辦處備貢銀兩應否隨解加平銀(道光二十九年五月十八日)

再查粤海關每年應解造辦處備貢銀五萬五千兩前於道光二十三年裁撤洋商革除規費經前監督文豐會同前督臣耆英議奏此款銀兩由正項撥解彼時因連年奏留撥用並未解京所有應隨加平銀兩摺内未經聲明伏查粤海關解繳部餉暨每年應解廣儲司公用銀三十萬兩每千兩均隨加平銀四十兩並准作正開銷業經奏蒙聖鑒在案惟應解造辦處備貢銀兩連年留撥未解

七六九 粤海關監督明善奏折

解交造辦處備貢銀兩應否隨解加平銀(道光二十九年五月十八日)

並無隨解加平明文今可否按照廣儲司公用銀兩辦理抑或毋庸加平之處奴才未敢擅便理合附片具

奏伏乞

皇上訓示遵行謹

奏

該衙門議奏

七七〇 兩廣總督徐廣縉奏折

夷情靜謐民氣恬熙(道光二十九年十二月十八日)

徐廣縉等

奏

密陳夷情靜謐由

正月二十三日

兩廣總督臣徐廣縉
廣東巡撫臣葉名琛跪

奏為密陳現在夷務情形恭摺仰祈

聖鑒事竊臣等承准軍機大臣字寄道光二十九年十

一月初六日奉

上諭徐廣縉葉名琛奏東省夷務復詢進城一節業

七七〇　兩廣總督徐廣縉奏折　夷情靜謐民氣恬熙（道光二十九年十二月十八日）

經曉諭後該國頗知畏服一摺覽奏均悉朕嘉悅
之懷筆難盡述此次英夷復請進城原不過冀轉款
面疊經該督撫反覆開導已據該酋將粵民主碑
紀功等情奏及該國王酬接來文詞意較前頗覺馴
擾臣等前詢進城一節並未提及該督等又奏據
其新聞紙備知該國王寄信攻嘲該酋　以生事
要盟並經知會港夷等一體察看民情毋許多
生別端是其畏威懷德信而可徵其新領了咆嚾
人亦馴順安靜從此通商裕課共享安平該督等
籌畫周必辦理確當把握操縱消其桀驁俾就範
圍以固該督等仍當隨時體察勤官民為一氣民心
日固斯夷情益服庶民共慶實為永久樂利之計

七七〇　兩廣總督徐廣縉奏折

夷情靜謐民氣恬熙（道光二十九年十二月十八日）

朕以海疆生民慶不覺得人慶也勉之勉之將此
諭令知之欽此仰見
聖明洞鑒策勵靡遺欽感下忱無言可喻臣等伏查
夷情雖宜向諜不容稍疏復加採訪知咪唎
堅酋現又約會咈囒一同致書於英夷國王以自
罷議進城半年以來貿易漸旺可見不尋嫌
隙利益顯然從此和好日敦生意日盛無非萬
年之利大家之福是其心貿易衆國僉同嘆羨
形單勢孤更無所用其覬覦洵足仰慰
聖慮尤當恪遵
恩訓隨時隨事固結民心以安民為撫夷應於內而
捍於外現在夷情靜謐民氣恬熙臣等謹洽同

七七〇　兩廣總督徐廣縉奏折　夷情静謐民氣恬熙(道光二十九年十二月十八日)

據實具
奏伏祈
皇上聖鑒謹
奏
道光三十年正月二十三日奉
硃批覽奏均悉欽此
二十九年十二月十八日

七七一 粤海關監督明善奏折

粤海關税銀征收總數并福州等四關現報數目（道光二十九年十二月二十一日）

粤海關監督奴才明善跪

奏爲恭報關税一年期滿徵收總數仰祈

聖鑒事竊照粤海關徵收正雜銀兩向例一年期滿

先將總數

奏明俟查覈支銷確數另行恭疏具

題分款造册解部又粤海關原定正額銀四萬兩

銅觔水脚銀三千五百六十四兩又嘉慶四年

五月奉户部劄行

欽定粤海關盈餘銀八十五萬五千五百兩欽遵辦理

各在案兹查道光二十八年十二月二十六日起連閏至二十九年十一月二十五日關期報滿止一年期内前監督基溥管理任内四箇月零十四日共徵大關税銀二十五萬三千九百五十七兩二錢五分六釐㭍接管任内七箇月零十六日共徵大關税銀一百一十一萬八千七百四十四兩九分七釐以㭍接徵七箇月零十六日比較二十八年五月初十日起至十二月二十五日止計雖多徵銀九萬六千二百六

七七一　粵海關監督明善奏折

粵海關税銀征收總數并福州等四關現報數目(道光二十九年十二月二十一日)

十九兩一錢七分一釐惟較比二十八年通年徵收税數僅多徵銀五萬餘兩蓋因本年春間唉夷復申進城之約商賈疑懼不前致使上半年貨税未能踴躍今計一年兩任共徵大關税銀一百三十七萬二千七百一兩三錢五分三釐各口税銀九萬八千六百一十七兩一錢二分三釐二共徵銀一百四十七萬一千三百一十八兩四錢七分六釐統計所徵查按從前正額税銀及銅觔水脚並

欽定盈餘數目徵足外計多收銀五十七萬二千二百
五十四兩四錢七分六釐脊除將到關船隻貨
物照例造册送部覈對外所有徵收關税一年
期滿循例恭摺具
奏再前於道光二十三年更定税務章程會
奏案内聲明福州厦門寧波上海四處海關所徵
夷税統歸粤海關彙覈具
奏查二十八年分福州厦門寧波上海四關共徵
銀五十六萬五千五百七十兩六分四釐茲二

七七一　粤海關監督明善奏折

粤海關税銀征收總數并福州等四關現報數目(道光二十九年十二月二十一日)

十九年分尚未據將通年總數咨會到關難以懸定就現在准到文移江海關自二十八年十二月二十六日起連閏至二十九年七月二十五日止據報徵銀二十七萬九千四百五十一兩七錢七分七釐浙海關自二十八年十二月二十六日起至二十九年閏四月二十五日止據報徵銀四百一十九兩八錢八分五釐閩海關及福州南臺口自二十八年十二月二十六日起連閏至二十九年八月二十五日止據報

七七一 粤海關監督明善奏折

粤海關税銀征收總數并福州等四關現報數目（道光二十九年十二月二十一日）

徵銀二萬四千二百二十九兩一錢六分五釐
以上各口續徵之數尚未咨報現共徵銀三十
萬四千一百兩八錢二分七釐餘俟各關移咨
到日另為統計覈算再前監督基溥任内因澳
門福潮各行存棧貨物搬運進省照例徵收税
銀二千三百一十一兩六錢九分七釐業經
奏明另款存貯應俟查覈本年支銷確數一併解
部所有粤海關一年期滿徵收總數並各關口
現報數目理合恭摺具

七七一 粵海關監督明善奏折

粵海關税銀征收總數并福州等四關現報數目（道光二十九年十二月二十一日）

奏伏乞

皇上聖鑒謹

奏

戶部知道

道光二十九年十二月　二十一　日

七七二　粤海關監督明善奏折

粤海關税銀收支實數及福州等四關征收數目(道光三十年三月二十五日)

粤海關監督奴才明善跪

奏為恭報關税收支實數仰祈

聖鑒事竊照粤海關每年徵收關税銀兩例於滿關後三箇月將收支實數分款造報兹查道光二十九年分關税自二十八年十二月二十六日起連閏扣至二十九年十一月二十五日止一年期内前監督基溥管理任内四箇月零十四日奴才接管任内七箇月零十六日兩任共合徵大關税銀一百三十七萬二千七百一兩三錢

七七二　粤海關監督明善奏折

粤海關税銀收支實數及福州等四關征收數目（道光三十年三月二十五日）

五分三釐各口税銀九萬八千六百一十七兩一錢二分三釐二共徵銀一百四十七萬一千三百一十八兩四錢七分六釐於道光二十九年十二月二十一日拏將徵收總數循例恭摺奏明在案現屆三箇月期滿相應照例造報查二十九年分徵收税銀内除循例支出正額銀四萬兩銅觔水脚銀三千五百六十四兩普濟院公用銀四萬兩分别解交藩司糧道衙門取有實收送部查覈又除支銷通關經費養廉工食

及鎔銷折耗等銀七萬一千四百二十六兩一
分六釐又除循例動支報解水脚銀三萬五千
二百八十六兩一錢二分八釐又除部飯食銀
三萬四千六百三十四兩四錢四分九釐又除
解交造辦處裁存備貢銀五萬五千兩又除撥
解廣儲司公用銀三十萬兩又除正雜盈餘平
餘水脚部飯食廣儲司各款暨另款報解等款
加平銀五萬七十兩一錢五分四釐又除補支
二十七二十八兩年分備貢加平銀四千四百

兩浄應解户部關税銀八十三萬六千九百三十七兩七錢二分九釐内除已解部正雜盈餘銀七十一萬二千兩尚存未解銀六萬八千兩實存尾數銀五萬六千九百三十七兩七錢二分九釐，叅與督臣徐廣縉商商作爲遵旨酌留本年解存藩庫之款伏查粤海關税銀於二十七年五月内

奏准按季解京兹二十九年分關税除陸續共解過部正雜盈餘銀七十一萬二千兩隨加平銀

一萬六百八十兩又續增二十五兩加平銀一
萬七千八百兩又廣儲司公用銀三十萬兩內
已起解一十五萬兩隨加平銀二千二百五十
兩又續增二十五兩加平銀三千七百五十兩
又補解二十七二十八兩年分內務府備貢加
平銀四千四百兩共計銀九十萬八百八十兩
業已委員分批解赴户部廣儲司分别投納外
尚應存解户部正雜盈餘飯食水脚並加平及
廣儲司公用內務府備貢并加平等款銀三十

五萬八千五百一十兩七錢三分一釐又存另
款平餘銀五百七十一兩七錢六分九釐又存
另款報解澳門客商運貨來省税銀二千三百
一十一兩六錢九分七釐又樽節存留藩庫尾
數解員盤費銀四百二十三兩八錢五分四釐
又存内務府咨撥解交廣儲司公用
奏准開支撻費布袋劈鞘用費銀二千四百兩共
計分款開支仍應解京共銀三十六萬四千二
百一十八兩五分一釐内除各口已徵未解銀

五萬一千三百三十六兩一錢二分六釐弩上
緊嚴催俟彙解到日隨時起解現在實存應解
銀三十一萬二千八百八十一兩九錢二分五
釐已經咨請督臣飭司委員過關分批起解再
查福州厦門寧波上海四處通商所有徵收夷
税各數歸入粤海關彙併計算歴經按照辦理
在案兹届粤海關錢糧報滿之期節准福州等
關將二十九年分徵收税鈔銀兩數目陸續咨
會前來查福州關共徵銀七百二十三兩二錢

七七二　粤海關監督明善奏折

粤海關税銀收支實數及福州等四關征收數目(道光三十年三月二十五日)

七分七釐厦門關共徵銀二萬九千九百三十二兩三錢四分五釐上海關共徵銀六十三萬一千五百八十三兩二錢五分六釐寧波關共徵銀五百九兩六錢一分九釐合併聲明除循例造册送部覈銷外謹將支銷各款及四關徵收數目緣由恭摺具

奏伏乞

皇上聖鑒謹

奏

七七二　粵海關監督明善奏折

粵海關稅銀收支實數及福州等四關征收數目(道光三十年三月二十五日)

該衙門知道

道光三十年三月　二十五　日

七七三　粵海關監督曾維奏折

粵海關稅銀征收總數并福州等四關征收數目（道光三十年十二月二十一日）

粵海關監督奴才曾維跪

奏爲恭報關稅一年期滿徵收總數仰祈

聖鑒事竊照粵海關徵收正雜銀兩向例一年期滿

先將總數

奏明俟查覈支銷確數另行恭疏具

題分款造册解部又粵海關原定正額銀四萬兩

銅觔水脚銀三千五百六十四兩又嘉慶四年

五月奉部劄行

欽定粵海關盈餘銀八十五萬五千五百兩欽遵辦理

七七三　粤海關監督曾維奏折
粤海關税銀征收總數并福州等四關征收數目(道光三十年十二月二十一日)

各在案茲查道光二十九年十一月二十六日起至三十年十一月二十五日關期報滿止一年期内前監督明善管理任内八箇月零二十六日共徵大關税銀九十一萬九千四百七十五兩四錢一分𠌫接管任内三箇月零四日共徵大關税銀四十四萬七千六百五十三兩八錢一分五釐計一年兩任共徵大關税銀一百三十六萬七千一百二十九兩二錢二分五釐各口税銀一十萬九千七百三十八兩七錢四

分六釐二共徵銀一百四十七萬六千八百六
十七兩九錢七分一釐比較上年多收銀五千
五百四十九兩四錢九分五釐統計所徵查按
從前正額稅銀及銅觔水脚並
欽定盈餘數目徵足外計多收銀五十七萬七千八百
三兩九錢七分一釐𦔳遵例將到關船隻貨物
數目造冊送部覈對再道光二十三年更定稅
務章程會
奏案內聲稱福州廈門寧波上海四處海關所徵

七七三　粤海關監督曾維奏折

粤海關税銀征收總數并福州等四關征收數目(道光三十年十二月二十一日)

夷税統歸粤海關彙覈具
奏查二十九年分福州廈門寧波上海四關共徵
銀六十六萬二千七百四十八兩四錢九分七
釐茲三十年分通年總數尚未咨會到關按現
在准到文移江海關自二十九年十一月二十
六日起至三十年八月二十五日止據報徵銀
四十三萬一千九百四十四兩八錢四分三釐
浙海關自二十九年十一月二十六日起至三
十年七月二十五日止據報徵銀一百一十七

七七三 粤海關監督曾維奏折

粤海關税銀征收總數并福州等四關征收數目(道光三十年十二月二十一日)

兩六錢三分閩海關及福州南臺口自二十九年十一月二十六日起至三十年九月二十五日止據報徵銀三萬九百七十三兩三錢七分三釐以上四口現共徵銀四十六萬三千三十五兩八錢四分六釐其續徵之數俟各關移咨到日另為統計覈算謹將粤海關一年期滿徵收總數暨江海等四關現報徵收數目恭摺具

奏伏乞

皇上聖鑒謹

七七三　粤海關監督曾維奏折

粤海關税銀征收總數并福州等四關征收數目(道光三十年十二月二十一日)

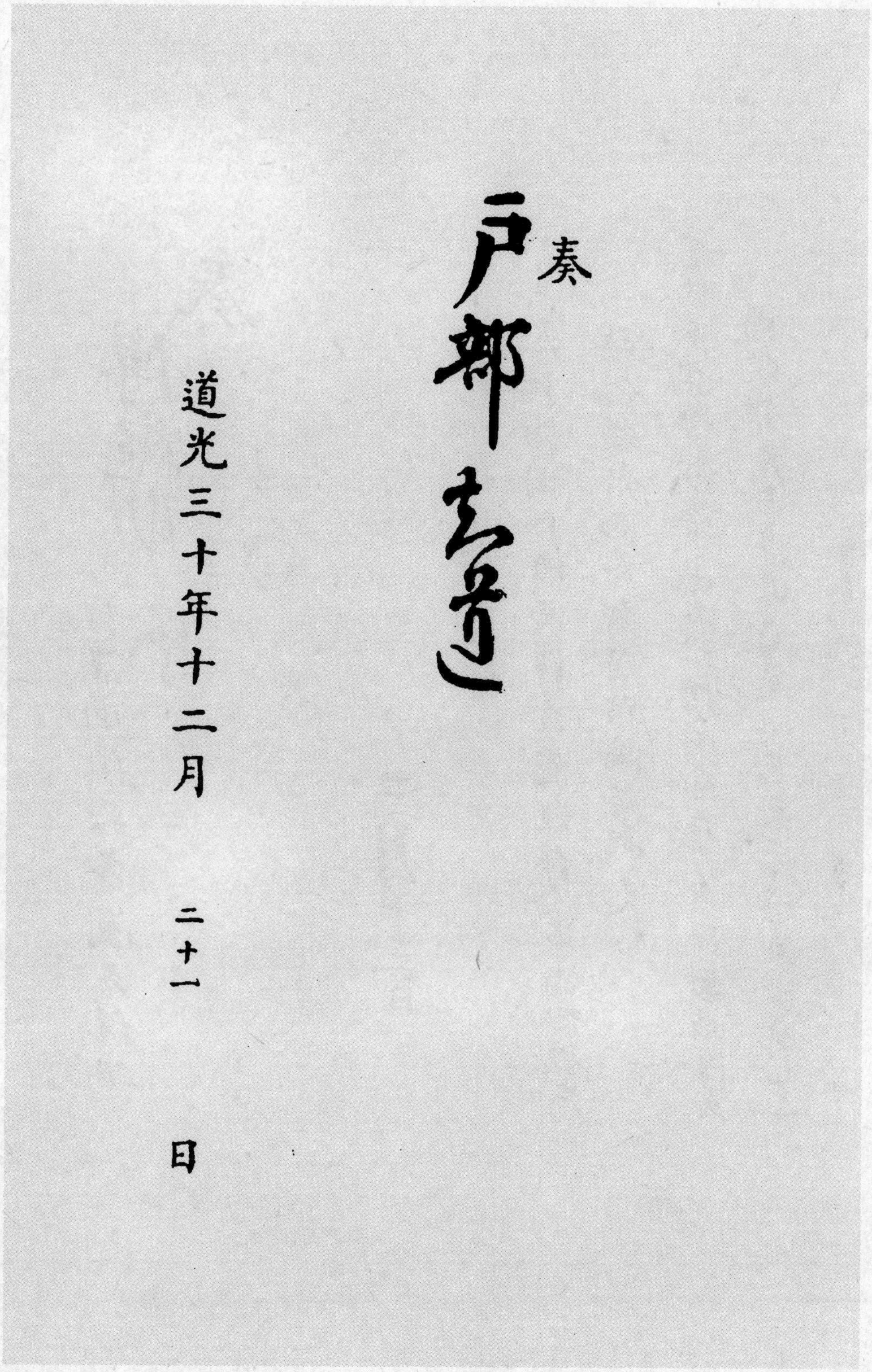

奏

戶部知道

道光三十年十二月二十一日

七七四　江蘇巡撫傅繩勛奏折

報告江海關征收西洋各國稅鈔
（咸豐元年二月二十七日）

江海關徵收夷國各稅銀
滿由

奏 傅繩勛

交〇

三月十三日

江蘇巡撫臣傅繩勛跪

奏為江海關征收西洋各國稅鈔並內地絲斤
補納稅銀已屆關期扣滿恭摺具報

聖鑒事竊准部咨上海等四關開市後所徵西洋各
國稅銀應與粵海關同以道光二十四年正月二十

七七四　江蘇巡撫傅繩勛奏折

報告江海關征收西洋各國稅鈔

（咸豐元年二月二十七日）

五百戴數兩零，連閏扣足十二箇月，當經該關報
滿之期，毋庸再擬甲乙，以免混淆。又內地未靖，商販
運湖艱阻，赴上海口岸之西洋各國不免易慮趨避
赴粵程途，轉納各關稅銀。又各關期滿奏報之
先，責成巡撫核實查驗，各該關行令遵照在
案。茲據署江海關事署蘇松太道吳健
彰詳稱：江海關與西洋各國通商，自道光二十
九年十一月二十六日關期起至三十年十一月二
十五日止，一年關期屆滿，征收稅鈔銀七十萬四
千六百一十二兩五錢四分八厘，內除扣稅銀一

七七四　江蘇巡撫傅繩勛奏折

報告江海關征收西洋各國税鈔

（咸豐元年二月二十七日）

萬四千九十二兩二錢五分一厘外實征存夷稅銀
六十九萬五百二十兩二錢九分七厘並代
征內地商人補納杭關韶關贛關征稅銀四
萬一百四十九兩三錢五分一厘加一耗銀四千一十
四兩九錢四分二厘除指撥動支各款外謄造
冊結咨考核外將實存銀兩造具款冊詳請盤
驗前情經臣札委松江府知府顧蘭徵前赴該
關按冊盤驗去後旋據驗明所征稅鈔並
銀除支解各款外餘俱實存關庫並無侵挪
短少情弊出具切結呈送核

七七四 江蘇巡撫傅繩勛奏折

報告江海關征收西洋各國稅鈔

(咸豐元年二月二十七日)

奏前來臣覆加查核該關征收西洋各國稅鈔及
內地華商補納三關稅銀共計七十四萬八千七百
七十六兩八錢四分一厘內除撥解並支銷外共存銀兩
現經盤驗明確均係實存關庫尚無征多報少
情弊除飭在內封貯按季解部並將收動存
細數造冊詳咨外理合會同兩江總督臣陸建
瀛恭摺具
奏伏乞
皇上聖鑒再該關征收夷稅未定正額盈餘現係核
作一條編征儘收儘報合併陳明謹

朱

咸豐元年二月十二日奉

硃批戶部知道欽此

二月二十七日

七七五　粤海關監督曾維奏折
報告關税收支數目
(咸豐元年四月初一日)

曾維　關税收支實數由

奏　一[illegible]〇

五月初七日

粤海關監督臣曾維跪

奏爲恭報關税收支實數仰祈

聖鑒事竊照粤海關每年徵收關税照例於滿關

後三個月將收支實數分款造報冊送

七七五 粵海關監督曾維奏折

報告關稅收支數目

(咸豐元年四月初一日)

三十年分關稅自道光二十九年十一月二十
六日起至三十年十一月二十五日止一年期
內前監督明善管理任內八箇月零二十六日奴才
接管任內三箇月零四日兩任共合征大關稅
銀一百三十六萬七千一百二十九兩二錢二分
五厘各口稅銀一十萬九千七百三十八兩
七錢四分六厘二共征銀一百四十七萬六千
八百六十七兩九錢七分一厘於道光三十
年十二月二十一日奴才將征收總數循例恭摺
奏聞在案現屆三箇月期滿相應照例造報查

七七五　粵海關監督曾維奏折

報告關税收支數目

(咸豐元年四月初一日)

三十年分征收税銀內除循例支出正額銀四
萬兩銅觔水腳銀三千五百零四兩暨濟
公用銀四萬兩分別解交藩司糧道衙門取
有案收送部查核又除支銷通關經費養廉
工食及鎔銷折耗等銀又第二千五百五兩三錢
一厘又除循例動支指解水腳銀三萬五千二
百九十二兩五錢一分又厘又除部飯食銀三萬四
千六百零二兩九錢八厘又除解交造辦處
裁存備貢銀五萬五千兩又除支解廣儲司
公用銀三十萬兩除正耗盈餘平餘水腳及
廣儲司公用造辦處備貢等款加平銀二萬五

七七五 粤海關監督曾維奏折

報告關税收支數目
（咸豐元年四月初一日）

千六百四十六兩四分二厘，除應解户部關稅
銀八十七萬一百七十四兩二錢三厘，內除已解
部正稅盈餘銀二十六萬九千五百九十八兩
一錢七分二厘，又除撥解湖南兵餉銀二十萬
兩，又除撥解廣西兵餉銀二十萬兩，又除奉
撥南河工需濬備銀一十七萬兩，共銀八十三萬
九千五百九十八兩一錢七分二厘，尚存銀三
萬五百七十六兩三分一厘，容與督臣徐廣縉
面商，酌作爲遵
旨酌留尾數解存藩庫之款。伏查粵海關稅銀於道光

二十七年五月內
奏准撥支解京文咸豐元年二月內奉部行知將
續增二十五兩加平銀删除等因各在案茲三
十年分關稅除奉裁續增加平以前應續解
還部庫正耗盈餘銀二十六萬九千五百九十
八兩一錢七分二厘除十五兩加平銀四千四
三兩九錢七分二厘又續增二十五兩加平銀
六千七百三十九兩九錢五分五厘外計尚應
解部飯食水脚並加平及造辦處傳貢廣儲
司公用並加平等銀四千三萬八百二十九兩八
錢一分三厘又存留款平餘銀一百三十九兩一

七七五 粵海關監督曾維奏折

報告關稅收支數目
(咸豐元年四月初一日)

錢一分四厘連十五兩加平銀二兩八分九厘
又存關稅尾數酌留備庫撙節解買盤費銀
二百二十九兩六錢一分三厘連十五兩加平銀
四百五十八兩六錢四分又節存指解湖南兵
餉十五萬兩加平銀三千兩又節存指解廣西
兵餉十五兩加平銀三千兩又節存指解南
河工用十五兩加平銀二千五百五十兩又節存
指解廣儲司公用充支於黃布儀薦鞘用費
銀二千四百兩以上各款係廣儲司公用銀已
十萬兩已撥指南河工需外其餘各款關支例

七七五　粵海關監督曾維奏折

報告關稅收支數目

(咸豐元年四月初一日)

存解銀一十四萬二千六百七兩二錢六分七
厘內除存留已撥未解銀四萬九千五百七十
九兩六錢七分二厘照上年展限俟夷解到
日陸續起解現在實存解銀九萬三千二十七
兩五錢九分五厘業經咨請督臣飭司委員
關起解再查福州廈門寧波上海四處通商
所有征收夷稅各數係與粵海關彙併計算
歷經按照每屆奏報在案茲屆粵海關錢糧扣滿二
期節准福州等關將三十年分征收稅鈔銀兩
數目陸續咨會前來查福州關共征銀一千五百

七七五　粵海關監督曾維奏折

報告關税收支數目
（咸豐元年四月初一日）

八十五兩八錢三分二厘，廈門關共徵銀三萬二千九十八兩五錢六分四厘，上海關共徵銀七十萬四千六百一十二兩五錢四分八厘，寧波關共徵銀一百一十七兩六錢三分，合併聲明。除循例造冊送部覈銷外，謹將支銷各款及四關徵收數目繕單恭摺具

奏伏乞

皇上聖鑒謹

奏。

咸豐元年五月初七日奉

硃批：該部知道，欽此。

四月初一日

七七六　粵海關監督曾維奏折

澳門稅口移至黃埔長洲稽查稅務應改由粵海關派員(咸豐元年五月初七日)

奏

臣曾維跪

再查各國商船出入澳門歷委前山同知暨香山縣
縣丞稽察防範並催覓引水探報夷船應需薪
水工食銀兩向由該衙門自行籌款道光二十
九年間澳門行店因被西夷擾亂全行遷移
黃埔馬頭貿易經前督臣徐廣縉等會同前
監督基溥
奏明將澳門稅口移在附近黃埔之長洲地方設
立在案嗣據前山同知英濬以前項薪水工食原
賴澳門稅口津貼辦理迨稅口遷移該無款籌
發懇請核辦等因當經藩司飭委廣州府核

七七六　粵海關監督曾維奏折

澳門稅口移至黃埔長洲稽查稅務應改由粵海關派員（咸豐元年五月初七日）

明擬請每月由該關稅銀內發給該同知等銀二百八十兩遇閏加增作為巡緝經費等情詳經前任廣督兩前監督明善往返咨商以夷船出入澳門巡防探扶均關緊要所需巡緝經費該同知等現無款墊支自應籌給以資支用當經照擬撥並大關等口委員書差無領薪水工食準由稅銀內作正開銷之例自道光三十年四月起每月在長洲口稅銀項下撥出銀二百八十兩由該同知造冊赴關支領列入通關經費內開銷再大關澳門向設委員無例

七七六　粵海關監督曾維奏折

澳門稅口移至黄埔長洲稽查稅務應改由粵海關派員（咸豐元年五月初七日）

由廣州將軍衙門在佐領防禦驍騎校內揀
派委同專司稽察稅務按月支給薪水銀兩
今澳門稅口既經移設長洲稅口附近關署所
有查驗貨色征收稅餉現在均由大關經收
可以併大關委員就近稽察其澳門委員擬即
裁撤以節糜費而昭核實茲屆三十年分關
稅奏銷之期謹將先後移辦緣由會同督臣
廣撫合詞附片陳明伏乞
皇上訓示遵行謹
奏

七七六　粤海關監督曾維奏折

澳門稅口移至黃埔長洲稽查稅務應改由粵海關派員(咸豐元年五月初七日)

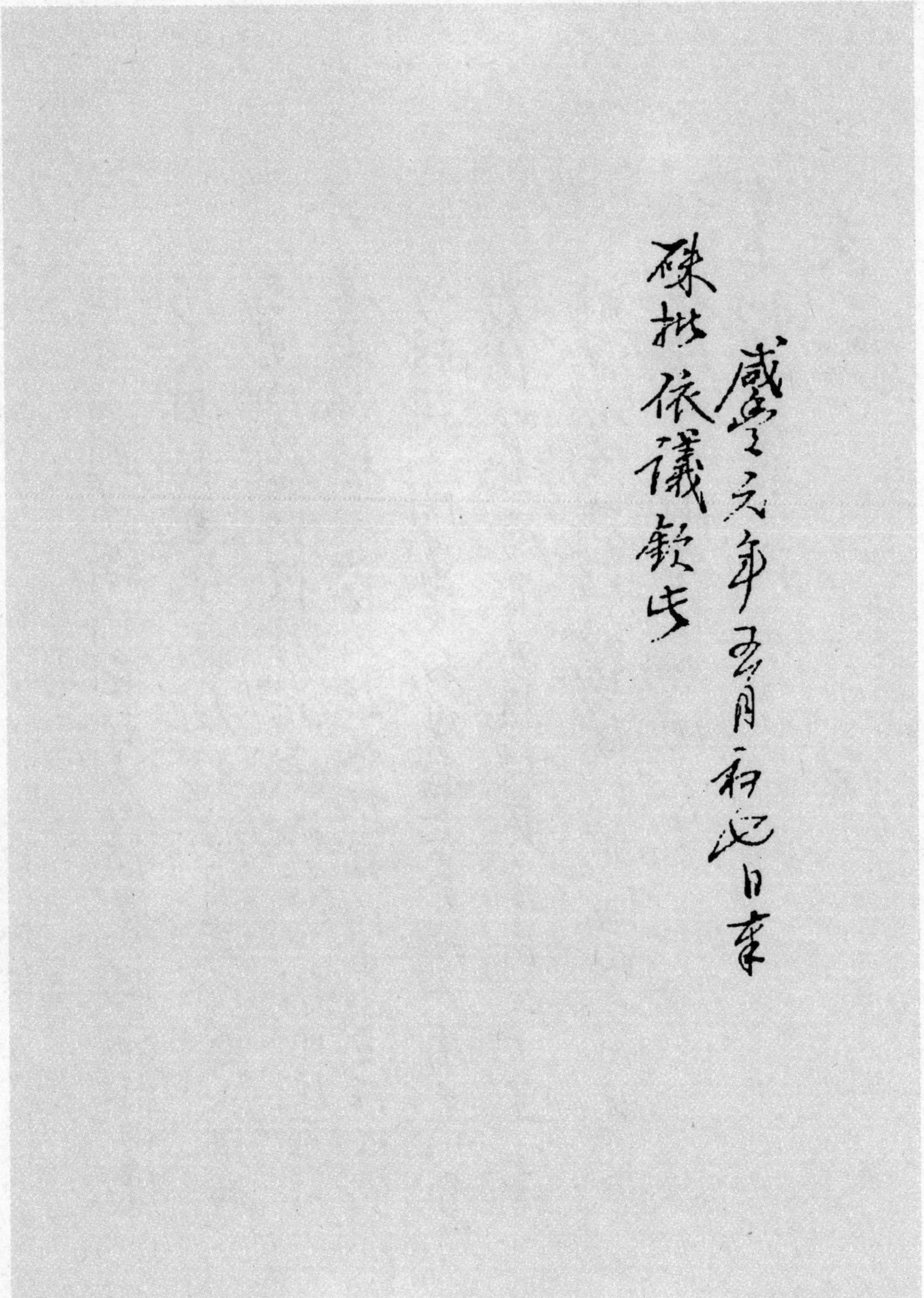
咸豐元年五月初七日奉
硃批依議欽此

七七七　粵海關監督曾維奏折

報告關稅收支數目

(咸豐三年三月初二日)

曾維　關稅實徵數目由

奏　交　○

四月初六日

粵海關監督奴才曾維跪

奏為恭報關稅收支實數仰祈

聖鑒事竊照粵海關每年徵收關稅銀兩例於滿關

限三箇月將收支實數分款造報茲查咸豐二

年分關稅自咸豐元年十月二十六日起至二年十月

七七七　粵海關監督曾維奏折

報告關稅收支數目

(咸豐三年三月初二日)

二十五日止一年期内共徵大關稅銀一百五十五萬三
千七百七十一兩六分四釐各口稅銀一十一萬三千四百
兩八錢八分五釐二共徵稅銀一百六十六萬六千八百
一十一兩九錢四分九釐於咸豐二年十二月十四日
業將徵收總數循例恭摺
奏明在案現屆三箇月期滿相應照例造報查
二年分徵收稅銀内除循例應支各款銀四萬
兩銅觔水脚銀三千五百六十四兩再除院公用
銀四萬兩又除支銷通關經費養廉工食及鎔
銷折耗等銀七萬五千二百七十七兩八分五釐又除
循例動支報解水脚銀四萬六百八十九兩二錢

七七七 粵海關監督曾維奏折 報告關稅收支數目(咸豐三年三月初二日)

五分八釐又除新餉食銀三萬九千八百二十六兩
四錢又分三釐又除解交造辦處裁存備貢銀
五萬五千兩又除支解廣儲司公用銀三十萬
兩又除正雜盈餘平餘水腳及廣儲司公用造
辦處備貢并部存撥解藩庫暨濠捐之平分
不敷等款十五兩加平共銀二萬一千五百又十八兩四
錢三分又釐又除支廣儲司公用造辦處備貢
二十五兩加平共銀八千六百又十五兩實存應解户
部關税一百四萬二千一兩六錢九分六釐又存另款
平餘銀八百又十一兩五錢三分三釐六毫二年分關

稅庫撥過元年分不敷撥解廣西軍需銀一十
萬七百一十兩一錢三分八釐又撥廣東藩庫
銀五十萬兩又撥湖南軍需銀四十萬兩又撥
廣西軍需銀五十四萬兩通共撥解過銀一百五十四萬七百一十兩一錢三分八釐除
將前項應解戶部閩稅及動支報解水腳部飯
食平餘暨造辦處備貢廣儲司公用連十五兩
加平並二十五兩加平共銀一百五十萬八千八百四十
十二兩三錢九分七釐全數應撥外所有不敷撥
解銀數前經奴才於奏報咸豐二年分徵收
稅數附片聲敘計不敷銀三萬二千餘兩當蒙
曾臣葉名琛廣東巡撫臣柏貴商酌由咸豐

七七七　粵海關監督曾維奏折
報告關稅收支數目
（咸豐三年三月初二日）

三年分稅銀內儘撥其另款尾銀照留解存
藩庫之處統俟奏銷時覈收辦理等因附片陳
明在案今屆奏銷之期通盤覈算除全數實存另款撥
解銀三萬一千八百二十七兩七錢四分一毫八釐業由關徵
咸豐三年分首季稅銀內儘足撥解至遵
旨酌留尾銀解存藩庫一款本年無項可撥合併陳
明查撥解廣東藩庫銀五十萬兩應支節存
解員盤費銀三千七百二十二兩八分四釐又各水
腳冊報項下應支節存撥解廣儲司公用指
貴布袋篐鞘用項銀二千四百兩俟有便員搭
解赴戶部廣儲司報綢又應存解藩庫已毀銅

七七七 粤海關監督曾維奏折

報告關稅收支數目

(咸豐三年三月初二日)

船水腳并書院公用共銀八萬三千五百六十
四兩查現存庫銀一萬六千一百四十四兩二錢三釐
各口已徵未解銀六萬七千四百一十九兩七錢九分
七釐 奴才 現已勒限嚴催俟彙解到日隨時分
別解交藩司粮道衙門兑收取具實收送部查
覈 其福州廈門寧波上海四處通商所有徵收
夷稅各數歸入粵海關彙併計算歷經按照
辦理茲届粵海關錢粮報滿之期節准福
州寧波關將二年分徵收稅鈔銀兩數目陸續咨
會前來查福州關共徵銀一十一兩四錢七分廈門
關共徵銀三萬一千一百七十兩五錢一分六釐上海

七七七　粤海關監督曾維奏折
報告關稅收支數目
（咸豐三年三月初二日）

閏共徵銀一百二十四萬三千一百六十五兩四錢七分九
九釐零收閏并無徵收夷稅係聲明除循例
造冊送部覈銷外謹將支銷各款及四閏徵
數目緣由恭摺具
奏伏乞
皇上聖鑒謹
奏
咸豐三年四月初六日奉
硃批該部知道欽此

三月初二日

七七八　兩廣總督葉名琛奉上諭著妥爲籌辦廣東米價等事（咸豐三年十一月十八日）

軍機大臣　字寄
兩廣總督葉　廣東巡撫柏　咸豐三年十一
月十八日奉
上諭：有人奏廣東米價昂貴，請飭妥爲籌辦一摺。粤省歲收歉薄，糧價驟增，粤西穀米亦未能運東接濟。現在外洋米船到粤者，均囤聚香山澳下。此項米糧如能分撥，令民間招商購買，亦足以接濟民食。著葉名琛、柏貴體察情形，妥爲籌辦。另片奏土匪竊發，須官紳聯爲一氣，並添設游兵抄探賊蹤

七七八　兩廣總督葉名琛奉上諭

著妥為籌辦廣東米價等事

(咸豐三年十一月十八日)

等語並著該督撫隨時飭屬認真辦理總期弭患
未萌勿致别滋事端為要前諭令招商販運夷米
赴上海兑收現在如何酌辦至撥解江南大營及
福建省軍餉諒已籌出款項即著妥速解往毋誤
急需原摺片均著抄給閲看將此由五百里諭令
知之欽此遵
旨寄信前來

七七九　粵海關監督曾維奏折

報告關稅收支數目

（咸豐三年十一月十九日）

曾維　關稅期滿徵收總數由

奏　交〇

正月二十日

粵海關監督奴才曾維跪

奏為恭報關稅一年期滿征收總數仰祈

聖鑒事竊照粵海關征收正雜銀兩向係一年期滿

先將總數

七七九 粵海關監督曾維奏折 報告關稅收支數目（咸豐三年十一月十九日）

奏明俟查覈支銷確數另行恭疏具
題分款造冊報部又粵海關應交正款銀四萬
兩銅斤水脚銀三千五百六十四兩又於嘉慶四年
子月奉戶部劄行
欽定粵海關盈餘銀八十五萬五千五百兩欽遵辦理
各在案茲查咸豐二年十月二十六日起至三
年十月二十五日關期扣滿止一年期內共徵
大關稅銀一百一十七萬三千六百三十六兩八錢四
分一釐各口稅銀一十萬四百九十二兩六錢四分
三釐二共徵銀一百二十七萬四千一百二十九兩四錢

七七九 粵海關監督曾維奏折

報告關稅收支數目

（咸豐三年十一月十九日）

八分四厘統計本年所征查照從前正額稅銀
及銅斤水腳並
欽定盈餘數目征足外計多收銀三十七萬五千餘兩
比較上年少收銀三十九萬二千六百餘兩緣
粵海關稅向以洋布棉花茶葉為大宗前
值鄰省或軍務未竣路途阻滯兵燹之餘
商業未復以致貨物不能暢銷來船較少稅
收不旺實由於此而奴才誠恐其中或有不肖兵役
藉詞朦混影射走私情弊隨時加意嚴查只
犯必懲斷不敢稍形疎懈除飭收到關船

進貨捐數目造冊送部。數對扣再查道光二
十三年更定稅務章程核計
奏案內蘇杭福州廈門寧波上海四處海關所
征夷稅統歸粵海關彙數具
奏。查咸豐二年分福州廈門寧波上海四關共征
銀一百二十七萬四千三百四十七兩四錢四分五釐
係咸豐三年分通年總數尚未咨會到關。據
現在准到文移，江海關咨咸豐二年十月二十六
日起至三年五月二十五日止，據報征銀五十四萬
五千六百八十七兩四錢八分四釐。浙海關自咸

七七九 粤海關監督曾維奏折

報告關稅收支數目

(咸豐三年十一月十九日)

豐二年十月二十六日起至三年六月二十五日止
據報並無征收夷稅閩海關及福州南臺口岸
咸豐二年十月二十六日起至三年四月二十五日
止據報征銀八千三百九十四兩五錢五分三釐以
上四口現共征銀五十五萬四千八十二兩三分七釐其
續征之數俟各關移咨到日另為統計之數冀謹
將粵海關一年期滿征收總數暨江海等四關
現報征收數目恭摺具
奏伏乞
皇上聖鑒謹

七七九　粵海關監督曾維奏折　報告關稅收支數目（咸豐三年十一月十九日）

奏

咸豐四年正月二十日奉

硃批　知道了　欽此

三年十一月十九日

七八〇　兩廣總督葉名琛奉上諭

著廣東採買洋米以資接濟京倉
（咸豐四年正月二十四日）

軍機大臣　字寄
兩廣總督葉　廣東巡撫柏　咸豐四年正月
二十四日奉
上諭户部侍郎羅惇衍奏京倉支絀請飭廣東採買
米石以資接濟一摺前以江南等省漕糧到通恐
有梗阻降旨令葉名琛柏貴勸諭官紳捐銀辦米
運赴上海兑收轉運天津未據該督撫等將辦理
情形覆奏兹據該侍郎奏京糈亟應籌備廣東高
廉雷瓊等府素爲産米之區且洋米到粤者尤爲

七八〇 兩廣總督葉名琛奉上諭 著廣東採買洋米以資接濟京倉（咸豐四年正月二十四日）

饒裕請飭官為採買經運天津並請於屯田溢坦
地畝變價及捐輸銀兩内撥款辦理等語本年江
安江西湖南湖北等省漕糧未能運通江蘇浙江
海運尚未兌收放洋其餘省分復有截留蠲緩之
處自應及早綢繆以裕支放著葉名琛柏貴體察
情形飭屬籌辦現在上海縣城尚未克復所購米
石自應設法運至天津兌收以期妥速其屯田溢
坦地畝變價一事前飭該督撫等妥辦曾否集有
成數現除勸諭捐輸外有無可撥之款務期悉心

七八〇　兩廣總督葉名琛奉上諭

著廣東採買洋米以資接濟京倉

(咸豐四年正月二十四日)

籌畫酌量購買不得以籌款維艱空言了事並著

該督撫於接奉此旨後迅將籌辦情形由驛具奏

原摺著抄給閱看將此由五百里諭令知之欽此

遵

旨寄信前來

七八一　粤海關監督曾維奏折

粤海關收支實數及福州等四關征收數目(咸豐四年三月初九日)

粤海關監督奴才曾維跪

奏爲恭報關税收支實數仰祈

聖鑒事。竊照粤海關每年徵收關税銀兩，例於滿關後三個月將收支實數分款造報。兹查咸豐三年分關税自咸豐二年十月二十六日起至三年十月二十五日止，一年期内共徵大關税銀一百一十七萬三千六百三十六兩八錢四分一釐，各口税銀一十萬四百九十二兩六錢四分三釐，二共徵税銀一百二十七萬四千一百二十九兩四錢八分四釐。於咸豐三年十一月十九日，奴才將徵收總數循例恭摺

七八一　粵海關監督曾維奏折

粵海關收支實數及福州等四關征收數目（咸豐四年三月初九日）

奏明在案現屆三箇月期滿相應照例造報查三年分徵收稅銀内除循例應支正額銀四萬兩銅觔水脚銀三千五百六十四兩普濟院公用銀四萬兩又除支銷通關經費養廉工食及鎔銷折耗等銀七萬一千二百一十三兩九錢七分二釐又除循例動支報解水脚銀二萬九千四百八十七兩五分九釐又除部飯食銀二萬九千一百九十三兩八錢又除支解造辦處裁存備貢銀五萬五千兩又除支解廣儲司公用銀三十萬兩又除正雜盈餘平餘水脚及廣儲

司公用造辦處備貢並節存撥解藩庫暨湊撥
二年分不敷等款十五兩加平共銀一萬五千
九百九十四兩五錢五釐又除支廣儲司公用
造辦處備貢二十五兩加平共銀八千八百七
十五兩實存應解户部關税銀六十八萬八百
一兩一錢四分八釐查三年分關税湊撥過二
年分不敷撥解廣西軍需銀三萬一千八百六
十七兩七錢四分一釐又先後奉撥廣西軍需
銀一十萬兩廣東藩庫備撥銀八萬三千八百
兩江西總局銀四十四萬七千二百三十八兩

貴州兵餉銀一十萬兩湖南軍需銀七萬兩兩
湖礮船經費銀七萬兩湖南截留廣東藩庫委
解貴州兵餉由應撥湖南軍需内扣抵補解貴
州銀四萬七千兩又湖南截留委解前
欽差大臣徐廣縉行營軍餉准兩廣督臣葉名琛咨
令由應撥湖南軍需内扣除解交廣東藩庫銀
三萬兩應撥彭玉雯糧臺改解部庫廣東捐輸
並關税銀二十萬兩内動撥關税銀十萬八千
三百八十兩通共撥解過銀一百八萬八千二
百八十五兩七錢四分一釐除將前項應解户

七八一 粤海關監督曾維奏折 粤海關收支實數及福州等四關征收數目(咸豐四年三月初九日)

部關稅及動支報解水脚部飯食暨造辦處備
貢廣儲司公用連十五兩加平並二十五兩加
平共銀一百一十一萬九千三百五十一兩五
錢一分二釐全數湊撥外存銀三萬一千六十
五兩七錢七分一釐伏查三年分尚有奉撥未
解各款銀兩前經聲於奏報咸豐三年分徵收
稅數時聲計尚存銀三萬一千餘兩當與兩廣
督臣葉名琛廣東撫臣柏貴商酌將三年分撥
剩銀兩歸併現徵四年分關稅內次第委解等
因附片陳明在案今屆奏銷之期通盤覈算實

存銀三萬一千六十五兩七錢七分一釐連平
餘銀一千一十二兩一錢七釐共存銀三萬二
千七十七兩八錢七分八釐歸併現徵四年分
關税内撥解至遵
旨酌留尾銀解存藩庫一款本年無項可撥合併陳明
查撥解廣東藩庫銀三萬兩應有節存解員盤
費銀二百二十三兩三錢二分五釐又存水脚
冊報項下應支節存撥解廣儲司公用擡費布
袋劈鞘用項銀二千四百兩俟有便員搭解赴
户部廣儲司投納又應存解藩庫正額銅觔水

脚並普濟院公用共銀八萬三千五百六十四兩查現存庫銀三萬一千六百八十一兩七錢三分九釐各口已徵未解銀五萬一千八百八十二兩二錢六分一釐贅現已勒限嚴催俟㮚解到日隨時分别解交藩司糧道衙門兑收並循例造冊送部覈銷再福州廈門寧波上海四處通商所有徵收夷税各數歸入粵海關彙併計算歷經按照辦理今福州等關三年分徵收税鈔銀兩數目除福州關自咸豐二年十月二十六日起至三年十月二十五日止計一年期

七八一　粵海關監督曾維奏折

粵海關收支實數及福州等四關征收數目（咸豐四年三月初九日）

内共徵銀四萬一千四百一十六兩三錢八釐
廈門關自咸豐二年十月二十六日起至三年
四月二十五日止計六箇月共徵銀八千一百
七十四兩六錢四分五釐四月以後並無徵收
夷税浙海關自咸豐二年十月二十六日起至
三年十月二十五日止計一年期内並無徵收
夷税等因業准咨會前來至上海關自咸豐二
年十月二十六日起至三年五月二十五日止
計七箇月共徵銀五十四萬五千六百八十七
兩四錢八分四釐茲届粵海關錢糧報滿之期

七八一 粤海關監督曾維奏折

粤海關收支實數及福州等四關征收數目(咸豐四年三月初九日)

謹按現准移會徵收數目先行聲明其上海關自五月二十六日起至十月二十五日止徵税若干之處俟該關咨會到日再補行呈報户部查照謹將支銷各款及四關徵收數目緣由恭摺具奏伏乞

皇上聖鑒謹

該部知道

咸豐四年三月 初九 日

七八二　兩江總督怡良奉上諭

著爲保全税務與英人交涉要據理力争(咸豐四年九月十八日)

軍機大臣　密寄

兩江總督怡　江蘇巡撫吉　咸豐四年九月

十八日奉

上諭吉爾杭阿奏密陳夷情一摺所奏原爲保全税務起見然一味遷就即受其挾制之方夷船通商以道光二十四年互換條約之日爲始現尚未滿十二年而該夷已藉口變通居心實屬叵測現在咆哆參蓮在天津各遞節略情理悖謬萬難俯准之處不一而足而唉夷爲尤甚其中惟民夷相争

請為仲理及上海滋事求免欠税並廣東近年加抽茶税每擔二錢欲請停止三款尚屬細故已諭知崇綸文謙等據理曉諭令回廣東或上海查辦其餘顯背成約一概斥駁乃該撫輒稱夷酋所求祇係請派欽差並非悖謬豈該夷所遞各條竟未向吉爾杭阿提及耶朕非以該撫代行陳奏為冒昧實以該撫不能拒絶為無識此次崇綸文謙等一面擲還夷禀亦何嘗不一面入奏但其理諭力争之處皆係作為己意俾該夷知非分之求不能

七八二 兩江總督怡良奉上諭

著為保全稅務與英人交涉要據理力争（咸豐四年九月十八日）

輕易上達即如以上所指三款並非即行允准亦仍令回廣東上海聽候查辦即此已是變通之法何必欽派大臣耶現在天津辦理稍有端倪儻竟遵諭南返怡良吉爾杭阿亦止准就此三款中妥籌辦理以示羈縻不准另生枝節想崇綸文謙等於該夷回駛時亦必將連日駁詰情形詳細知會該督等悉心體察辦理也將此由六百里各密諭知之欽此遵

旨寄信前來

七八三 粤海關監督曾維奏折

大關征收總數及各口税數未能一并奏報緣由(咸豐四年十一月十九日)

粤海關監督奴才曾維跪

奏爲關税一年期滿謹將大關徵收總數先行循

例具報仰祈

聖鑒事竊照粤海大關暨各口徵收正雜銀兩向例

一年期滿先將總數

奏明俟查覈支銷確數另行恭疏具

題分款造冊解部又粤海關原定正額銀四萬兩

銅觔水脚銀三千五百六十四兩又嘉慶四年

五月奉戸部劄行

欽定粤海關盈餘銀八十五萬五千五百兩欽遵辦理

七八三　粤海關監督曾維奏折

大關征收總數及各口税數未能一并奏報緣由（咸豐四年十一月十九日）

各在案茲查咸豐三年十月二十六日起連閏至四年九月二十五日關期報滿止一年期内大關共徵銀一百九萬七千四百一十九兩一分三釐伏查粤海關税向以茶葉為大宗自上年十月開徵以來外洋來貨較前雖少而茶税尚旺首二三季已徵銀九十八萬三千九百餘兩嗣因附省地方盜賊蜂起路途梗塞茶客多被阻隔不能來省夷商無茶可置茶税頓稀餉課日形短絀計自七月二十六日起至九月二十五日關滿第四季僅徵銀十一萬三千餘兩

七八三　粤海關監督曾維奏折

大關征收總數及各口稅數未能一并奏報緣由（咸豐四年十一月十九日）

統計大關所徵雖按照從前正額銅觔水脚暨
欽定盈餘銀兩徵足外計多收銀一十九萬八千餘兩
而比較上年大關少收銀七萬六千餘兩至各
口稅數因廣潮惠各屬口岸土匪滋事所設稅
館間有被盜盤踞滋擾稅餉悉難如舊而惠潮
距關較遠所徵餉數必須飭查明確庶無揑飾
其高廉雷瓊等口亦因路途不靖稅冊未能依
限到齊現在分别飭催查辦所有各口徵收總
數擬請俟奏銷時再行彙總
奏報以歸覈實除將到關船隻貨物數目遵例列

七八三　粤海關監督曾維奏折
大關征收總數及各口税數未能一并奏報緣由(咸豐四年十一月十九日)

冊送部覈對外再查道光二十三年更定通商
税務章程會
奏案内聲稱福州廈門甯波上海四處海關所徵
夷税統歸粤海關彙覈具
奏兹咸豐四年分甯波上海徵税若干未准咨會
到關福州廈門自上年十月二十六日起至十
二月二十五日止據報徵銀二萬四千八百六
十二兩六錢六分九釐以後續徵之數亦未准
咨會應俟各關將一年徵收總數移會到日另
行彙總覈算謹將粤海關一年期滿大關徵收

七八三　粵海關監督曾維奏折

大關征收總數及各口税數未能一并奏報緣由(咸豐四年十一月十九日)

總數及各口税數未能一併奏報緣由理合據
實恭摺具
奏伏乞
皇上聖鑒謹
奏
知道了
咸豐四年十一月　十九　日

七八四　粵海關監督恒祺奏折

報告關稅收支數目

（咸豐五年十月二十四日）

恒祺　關稅期滿奏報征收總數由

奏

一支〇

十二月十六日

粵海關監督奴才恒祺跪

奏為關稅一年期滿謹將大關徵收總數先行

循例具報仰祈

聖鑒事竊照粵海大關暨各口徵收正雜銀兩向例

一年期滿先將總數

七八四 粵海關監督恒祺奏折 報告關稅收支數目（咸豐五年十月二十四日）

奏明俟查覈支銷確數另行恭疏具
題外款造冊移部又粵海關原定額銀四萬兩銅
觔水脚銀三千五百六十四兩又嘉慶四年五
月奉戶部劄行
欽定粵海關盈餘銀八十五萬五千五百兩欽遵辦理
嗣於道光二十三年閏七月奉戶部劄行粵
海關應征外洋及內地正稅並額定盈餘向
來照數徵解之外尚有額外盈餘現既分五口
通商若仍令粵海關照舊例征解勢有所難應
粵海關徵不足數應請於福州廈門寧波上海

七八四　粵海關監督恒祺奏折
報告關稅收支數目
(咸豐五年十月二十四日)

各關所征西洋外國貨稅內撥補足額等因
欽此欽遵在案茲查咸豐四年九月二十六日起至
五年九月二十五日關期扣滿止前監督曾維
管理任內計八箇月零三日共征大關稅銀一十
萬九千八百五十三兩四分二釐奴才接管任內三
箇月零二十七日共徵大關稅銀二十三萬二
千一百九十兩九錢一分統計一年兩任共
征大關稅銀三十四萬二千四十三兩九錢五
分二厘伏查粵海關稅向以茶葉為大宗
自上年地方不靖外洋來貨稀少兼之路
途梗塞茶客裹足不前以致大關所徵頓形絀

七八四 粵海關監督恒祺奏折 報告關稅收支數目（咸豐五年十月二十四日）

邇來逆氛稍靖通商業漸復稅餉亦漸有起色
一時未能如舊至各口稅關其廣潮惠嘉屬口岸
土匪滋事所設稅館間有被賊盤踞滋擾現
在雖經陸續設復稅餉亦難以照前而惠潮距
閩較遠所徵餉數必須飭查明確實無捏飾
其高廉雷瓊等口較之惠潮等處距閩尤遠道
路間有阻滯稅冊未能依限到省現在分別
飭催查辦所有各口徵收稅數擬請俟奏銷時再行彙總
奏報以歸覈實除將到關船隻貨物數目遵例列
冊送部覈對外再查道光二十三年奏定通商
稅務章程今

七八四 粵海關監督恒祺奏折

報告關稅收支數目

（咸豐五年十月二十四日）

奏案内奉札稱福州廈門寧波上海四處海關所征夷
税統歸粵海關彙覈具
奏冊咸豐五年分上海關征税若干未據咨會到
關寧波關自四年九月二十六日起至五年四
月二十五日止據報並無征收夷税福州廈門
二關自四年九月二十六日起至五年三月二十
五日止據報征銀一十二萬四千五百七十兩六
錢八分七厘以後續征之款亦未據咨會應
俟各關將一年征收總數移會到日另行彙
總覈算惟當此餉糈需用孔亟之時奴才斷不
敢稍形疎懈凡一切走漏弊端設法剔除隨時

七八四 粤海關監督恒祺奏折
報告關稅收支數目
(咸豐五年十月二十四日)

加
意防範，并嚴飭各口吏役一體嚴密稽查，如有犯
必懲，以昭慎重而裕稅課。謹將粤海關一年
錢糧期內大關征收總數及各口報款未能一併
奏報，歷循例等閱，現據征收款目並現在情形，據
實恭摺具
奏，伏乞
皇上聖鑒。謹
奏。
咸豐五年十二月十二日奉
硃批：知道了。欽此。
五年十月二十四日

七八五　兩廣總督葉名琛奉上諭著體察情形對美英欲求更改條約妥為駕馭(咸豐六年二月十八日)

軍機大臣　字寄

大學士兩廣總督葉　兩江總督怡　江蘇巡撫吉　咸豐六年二月十八日奉

上諭怡良吉爾杭阿奏咪唊二夷欲求更改條約章程等語咪酋咱嗎移文江蘇有候船即赴上海重議條約之説唊酋哮嚓嘓亦有各國條約必求更改廣東絶之已甚各國公使萬不肯再向闗説之語是其意以欲赴上海為挾制而藉口於廣東之拒絶情形顯然從前五口通商條約雖有十二年

七八五　兩廣總督葉名琛奉上諭著體察情形對美英欲求更改條約妥為駕馭(咸豐六年二月十八日)

再行更定之議不過恐日久弊生或有窒礙之處不妨小有變通其大段章程原未能更改該夷前年在上海天津要求各事均屬萬不能行經崇綸等面加駁斥該夷酋亦自知理屈不復爭論今云廣東絕之過甚故赴上海蘇省督撫本非總辦夷務自不能允其所求必至上赴天津更屬不成事體著葉名琛體察情形妥為駕馭如該夷所欲更改之事實止細故不妨酌量奏聞稍事變通如仍似前年之妄事要求即行正言拒絕務宜恩威並

七八五　兩廣總督葉名琛奉上諭著體察情形對美英欲求更改條約妥為駕馭(咸豐六年二月十八日)

用絕其北駛之念勿峻拒不見轉致該夷有所藉
口並著怡良吉爾杭阿飭令藍蔚雯轉諭各該夷
領事告以五口通商事宜悉歸廣東查辦他省均
不得越俎該夷若不肯向廣東關說別省無可代
為商辦此次照會各情業已入奏亦止能請交廣
東欽差大臣查辦至於更議之處該督撫不能與
聞婉言開導令其駛往廣東不至別生枝節是為
至要怡良等原片著抄給葉名琛閱看將此由五
百里各密諭令知之欽此遵
硃

七八五　兩廣總督葉名琛奉上諭著體察情形對美英欲求更改條約妥為駕馭(咸豐六年二月十八日)

旨寄信前來

七八六　粤海關監督恒祺奏折

報告關稅收支數目

(咸豐六年五月二十二日)

粤海関徵收支銷各数由

恒祺

奏 〇 一[illegible]

六月三十日

粤海関監督奴才恒祺跪

奏為查核関稅收支実数仰祈

聖鑒事竊照粤海関每年徵收関稅銀兩例將收支実

数分款造報查咸豐四年分関稅前監督奴才繼管

理任内自咸豐三年十月二十六日起連閏至四年

七八六　粵海關監督恒祺奏折

報告關稅收支數目

（咸豐六年五月二十二日）

各月二十五日止一年期內大關共征銀一百九萬七千四
百零九兩一分三厘至各口稅數因土匪滋事稅館被匪
踞拔經途不清稅冊未能依限刊刻俟查齊附再行
彙總
奏報以歸核實其因業經前監督並準
奏明在案奴才於任內節經嚴催核各口繳刊冊報實共
征銀六萬九千七十三兩一錢一分三厘大關各口二共征銀
一百十六萬六千四百八十二兩一錢二分六厘核與定例
造報查四年分征收稅銀內除循例應支正款銀四
萬兩銅觔水腳銀三千五百六十四兩普濟院公用銀四

七八六　粵海關監督恒祺奏折

報告關稅收支數目

（咸豐六年五月二十二日）

萬兩又支銷通關經費養廉工食及鎔銷折耗節銀
六萬六千九百五十五兩五錢三分六厘又解例動支旗
餉水脚銀二萬八千二百七十四兩四錢五分二厘又部飯食
銀二萬六千三百三十四兩三錢五分六厘又支解造辦處
裁存備貢銀五萬五千兩又匠雜匯費平餘水脚及廣
儲司公用造辦處備貢并節存撥解藩庫款十五兩加
平共銀一萬四千六百二兩五錢四分七厘又支廣儲司
公用造辦處備貢二十五兩加平共銀三千二百五十兩實
存應解戶部關稅銀八十八萬八千五百七十一兩二錢三
分五厘又另存平餘銀一千七百七十七兩四錢七分二厘除解

七八六　粵海關監督恒祺奏折　報告關税收支數目（咸豐六年五月二十二日）

道部庫銀二十二萬六千四百九十九兩八錢八分四厘
四毫又撥解兩湖戰船經費銀七萬兩又先後奉撥
廣東藩庫銀四十二萬三千兩福建軍需項下扣
解廣東藩庫代支過紅單船弁兵飯食廿七款共
銀二萬一千六百六十七兩七錢二分一厘湖南軍需銀
六萬一千一百兩一錢一分五厘六毫廣西經費銀二
萬七千三百兩福建軍需銀七萬兩福建軍需項下
扣回解江南大營代備紅單船銀二萬七千四百兩三錢
二分六厘府庫還糧台銀九萬兩廣儲司首重公用加
平廿銀七萬八千兩以上共解過銀一百九十萬三千五

七八六　粤海關監督恒祺奏折

報告關稅收支數目

（咸豐六年五月二十二日）

百二十二兩四分七厘內將四年分銀一百一萬零七千六百九十兩六分二厘及三年分共存銀三萬二千七十七兩、錢七分八厘全數撥抵撥外尚不敷銀四萬零三千八百四兩一錢七厘在於咸豐五年分稅銀內通濟足撥銀在案

上旨酌留尾銀解存藩庫一款本年無項可撥合併陳明查撥解廣東藩庫及加解廣東藩庫銀兩各有部存解交盤費共銀二千三百平兩一錢八分一厘又節存撥解廣儲司公用指費布袋衣物勤用項銀六百兩俟有便員撥解赴戶部廣儲司投納並循例造冊送部核銷再查四年分補收閏征銀一千

七八六　粵海關監督恒祺奏折

報告關稅收支數目

（咸豐六年五月二十二日）

七萬二千一百零九兩九錢六分二厘，廈門關徵銀二萬六千八百兩七錢二分，寧波關徵銀四千六百零八兩八錢二分五厘，上海關徵銀六十萬四千二十二兩一錢四分七厘，均准咨會到關，並照通商章程歸入粵海關計算。請將徵收支銷各數繕摺具奏，伏乞

皇上聖鑒。謹

奏。

咸豐六年五月二十二日奏

七八六　粤海關監督恒祺奏折

報告關税收支數目

（咸豐六年五月二十二日）

硃批知道了欽此

五月二十二日

七八七　粵海關監督恒祺奏折
報告關稅收支數目
（咸豐六年十一月初一日）

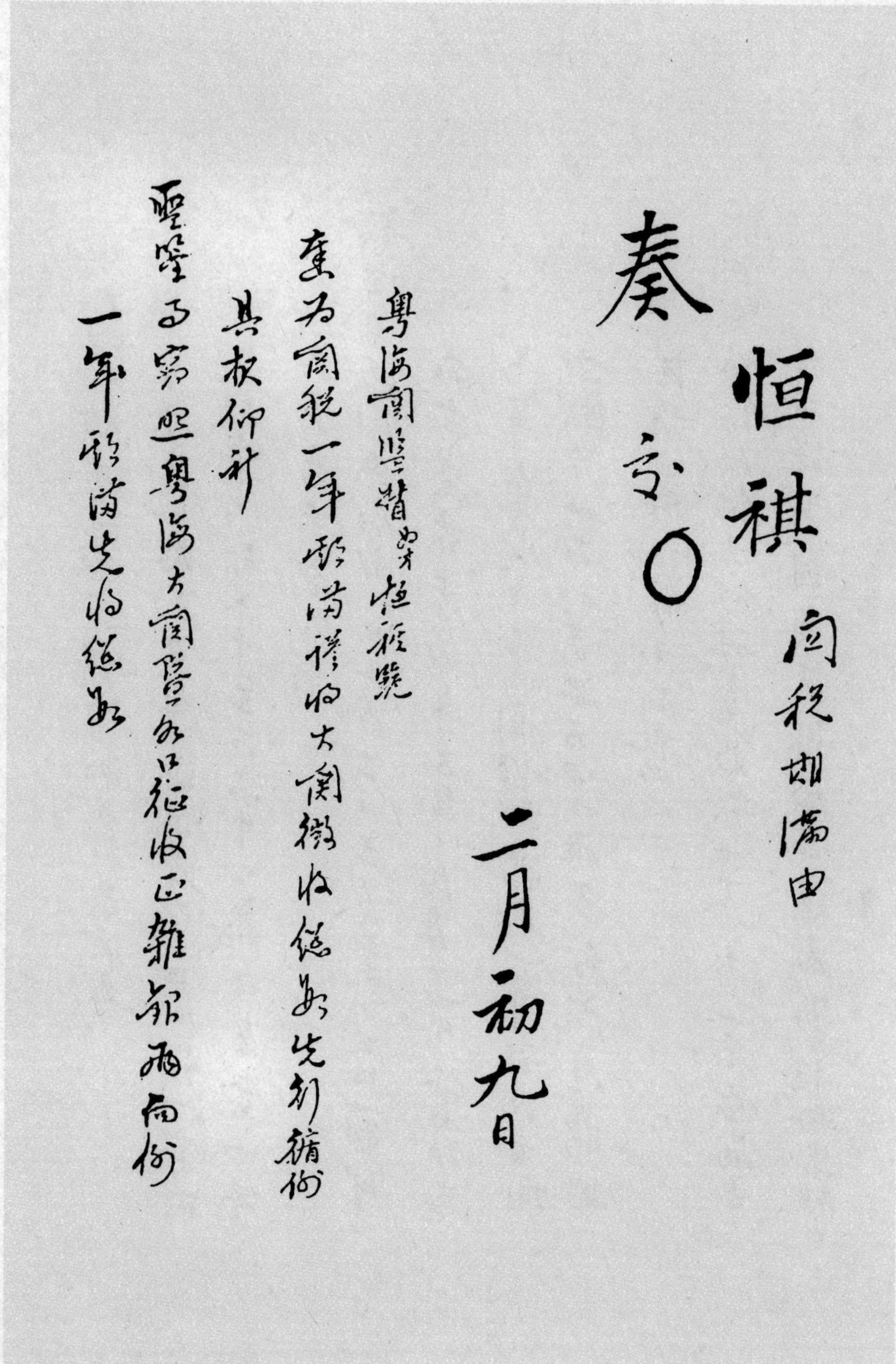
恒祺　關稅期滿由
奏 [illegible] ○
二月初九日
粵海關監督奴才恒祺跪
奏為關稅一年期滿，循例將大關徵收總數先行繕摺
具摺仰祈
聖鑒事。竊照粵海大關經徵正雜銀兩，向例
一年期滿，先將總數

七八七　粤海關監督恒祺奏折
報告關税收支數目
(咸豐六年十一月初一日)

奏明俟查覈支銷確數另行恭疏具
題專款造冊解部又粤海關原定正額銀四萬兩
銅斤水腳銀三千五百六十四兩又咸豐四年
五月奉戸部劄行
欽定粤海關應解部銀八十五萬五千五百兩欽遵辦理
各在案茲查咸豐五年九月二十六日起至
六年九月二十五日關期扣滿一年期內大關
共徵銀一百八萬三百四十兩五分七厘核與
從前正額銅斤水腳暨
欽定盈餘銀兩征其計多收銀一十八萬一千餘兩至
各口税銀因夷匪滋擾路途梗阻税無來源

七八七 粵海關監督恒祺奏折

報告關稅收支數目
（咸豐六年十一月初一日）

依限動款，理合分晰備查，辦於九月各口征收
經費撥補一條，照通商銷時再行籌備
奏撥以歸要款，實係將到關船隻貨物數目並所
列冊送部要款對針，再查道光二十三年度定通
商稅務章程會
奏案內奏請福州廈門寧波上海四處海關所征
夷稅除歸粵海關庫要款具
奏蒙咸豐六年分上海征稅若干未准咨會到
關，寧波關自上年九月二十六日起至本年三月
二十五日止，據報並無征收夷稅；福州廈門二
關自上年九月二十六日起至本年四月二十

七八七　粤海關監督恒祺奏折

報告關税收支數目

(咸豐六年十一月初一日)

五日止據報徵銀一十三萬五千六百九十七
兩三錢一釐以後續徵之數亦未清當會應
俟各關將一年徵收總數移會到日另行彙總
覈算後將粵海關新撥一年期滿大關徵收
總數及各口稅數未能一併奏報緣由理合據實
恭摺具
奏伏乞
皇上聖鑒謹
奏
咸豐七年二月初八日奉
硃批知道了欽此
六年十一月初一日

七八八　粵海關監督恒祺奏折

軍務之際華商停止貿易大關停征
（咸豐六年十一月初一日）

壽交〇戶部 [illegible]

恒祺片奏。

再，粵東省因英夷滋事，內地客商志切同仇，不願與之貿易，兼之別國商船恐英夷勒令留經，均不出口，是以華商竟不交易。於九月二十八日各商停止貿易，奴才當與督臣體察情形，再四熟商，當此軍務之際，攘外輯重，只可俯順商情，俟夷務稍定，即可照常開征。謹將現在各商不能貿易、大關暫行停征緣由，理合附片奏

聞，謹

奏。

咸豐七年二月初九日奉

硃批：知道了。欽此。

七八九　兩廣總督葉名琛奏折

請粵海關監督恒祺再留一年
（咸豐七年五月二十四日）

〇

葉名琛片
再，粵海關監督恒祺自咸豐五年五月二十九日到任以來
已歷兩載，諳悉商情，於稅務輕重緩急均得其宜。及
至機務軍餉，參劃契諳，尤能悉心籌畫，認真經理。每遇棘
手交涉同官疑難之變，亦必與臣妥籌商辦。現雖停徵已
半載，方務惟計日夷務平靖，總先以通商為急務，洋樓從
已自其各口通足，凡出口入口一切驗貨收稅，迴非舊時可比，且各
夷情利弊，稍姑容則必多偷漏，苛察則易起釁端，隨時斟酌
情形，似非久於其任者一時殊難措手。伏查咸豐六年曾初
一日奉
上諭：這差仍著恒祺接護，俟扣滿一年再行奏請。欽此。現值該

七八九　兩廣總督葉名琛奏折　請粵海關監督恒祺再留一年（咸豐七年五月二十四日）

監督更替之期合無仰懇
天恩俯念稅餉正關緊要可否再留一年以資熟手之處恭候
聖裁謹附片具
奏伏乞
聖鑒訓示謹
奏
咸豐七年五月二十四日奉
硃批覽 候另行欽此

七九〇　粵海關監督恒祺奏折

報告關稅收支數目
（咸豐七年八月初二日）

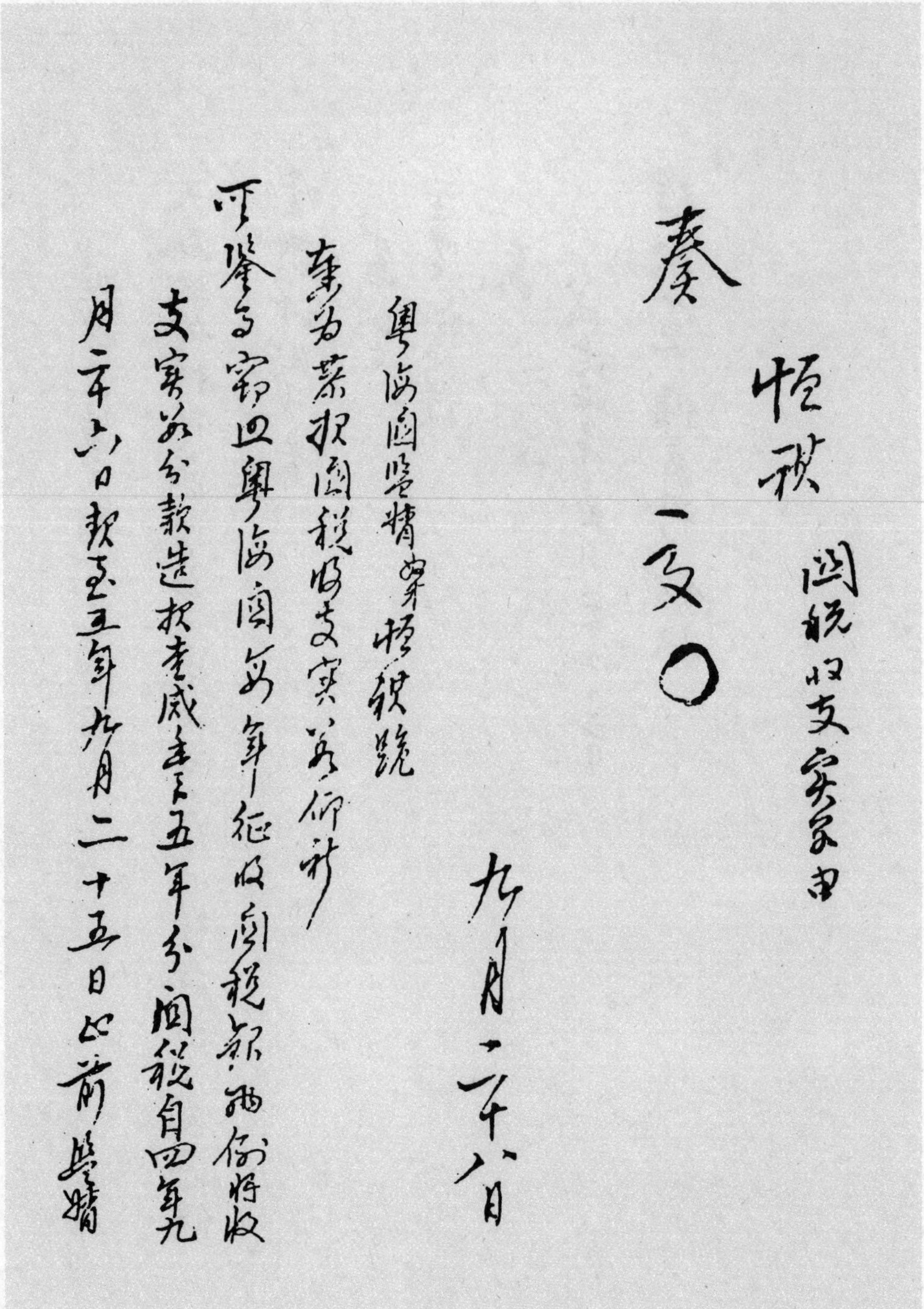
奏

恒祺　關稅收支實數由

一支〇

九月二十八日

粵海關監督奴才恒祺跪
奏為恭報關稅收支實數仰祈
聖鑒事。竊照粵海關每年征收關稅，節經將收
支實數分款造報在案。咸豐五年分關稅自四年九
月二十六日起至五年九月二十五日止，前監督

曾經管理任內計八個月零三日共征大關稅
銀一十萬九千八百五十三兩四分一厘聲
稱管任內三個月零二十七日共征大關稅銀
二十二萬二千一百九十兩九錢一分統計一
年兩任共征大關稅銀三十四萬二千四十三
兩九錢五分二厘至各口稅銀因土匪滋擾之
後道路間有阻滯稅冊未能依限到省俟集齊
將再行彙總
奏報以歸覈實等因前經
奏明在案現據各口繳到冊報實共征銀六萬二
千七百一十四兩七錢七分五厘共大關各口二
共征銀四十萬四千七百五十八兩七錢二分

七九〇　粵海關監督恒祺奏折

報告關税收支數目
（咸豐七年八月初二日）

七底截實徵洋税第五年分征收税銀四條緣徵底支臣衙銀四萬兩銅斤水腳銀三千五百六十四兩並普濟堂公用銀四萬兩又支鋪通關經費養廉工食及鎔銷折耗等銀五萬九千三百五十四兩四錢一分六厘又緣徵動支扣解水腳銀七千一百八兩二錢九分又新飯食銀五千六百七十四兩七錢九分八厘又支解送辦貢裁存備貢銀五萬五千兩又支報部餘平餘水腳及造辦貢備貢等款十五兩加平共銀三千七百八十九兩三錢九分九厘又造辦貢備貢二千五五兩加平銀一千三百六十五兩

七九〇　粤海關監督恒祺奏折

報告關税收支數目
（咸豐七年八月初二日）

實存應解戶部關税銀一十八萬八千八百九
十二兩八錢二分四厘五毫另存平餘銀一千六
百二十五兩四錢七分七厘以上共應存解戶
部關税並平餘水脚部飯食造辦處備貢連
十五兩加平二十五兩加平共銀二十六萬三千
四百六十五兩七錢八分八厘係撥歸四年分
不敷撥解銀四萬三千八百四兩一錢七厘又
撥解至廣東藩庫濟撥本省土匪軍需銀二十
八萬二千七百一十六兩三錢五分四厘仍尚
不敷銀六萬三千五十四兩六錢七分三厘請
在於咸豐六年分税銀內提足撥解至並

七九〇　粤海關監督恒祺奏折

報告關税收支數目

（咸豐七年八月初二日）

另款留尾報解存藩庫一款並廣儲司公用銀一款本
年均無項可撥，今併將應撥解廣東藩庫銀
兩應存節存銀盈餘一千八百三十五兩二
錢係有餘資撥解赴款。據細再查五年分福
州關征銀二十二萬一百六兩八錢五分二厘，廈
門關征銀四萬五千三百七十兩三錢四分五
厘，寧波關征銀二百五十二兩，上海關征銀一
百九十五萬四千六百四十一兩三錢四分九
厘，均照通商章程歸入粤海關計算，惟於上
年八月間承准戶部咨劄，查該年共征大關税銀
三十餘萬兩，較歷年虧短甚鉅，應俟來年税四

七九〇　粵海關監督恒祺奏折

報告關稅收支數目
（咸豐七年八月初二日）

到粵即行查照案札飭等因到關遵查粵海關稅
向以各國夷商進口棉花出口茶葉二項為大
宗自咸豐四年六月以後廣省土匪阻隔道路
梗擾茶葉夷各商難以貿易疏通以南旋遂
抵塞茶葉不能到省各路茶客改運至江海
福州廈門等關貨物四散廣東各關稅頗形減少
加以鄰省嘩擾夷貨滯銷進口棉花亦少稅
自有短計此二宗稅收已短且各國來船因無茶
葉可買夷貨進口無人販售是以虧短亦各口岸
如佛山江門黃埔等口自四年六月以後陸續被
賊佔踞客商畏懼避至澳門香港等處

七九〇　粵海關監督恒祺奏折
報告關稅收支數目
（咸豐七年八月初二日）

係時或被燒拆毀佔踞或因商賈遷移歇業或
因道阻貨物不能流通以致征收稅銀難以照常
除道光二十三年間奉准戶部咨行粵海關應
征外洋各國地正稅並船鈔定屆儲向來照例征解
三分尚有剩分屆餘現既分五口通商業經令
粵海關照舊征解勢必有虧短此後粵海關征
不足之數應請於福州廈門寧波上海各關所征
西洋各國貨稅內撥補足數等因奉准業於五年
分福州廈門寧波上海四關匯冊共征收夷稅
銀二百二十二萬三百七十兩五錢四分六厘
以之撥補不足之數仍屬有盈無絀查以一成之

七九〇　粵海關監督恒祺奏折

報告關稅收支數目

(咸豐七年八月初二日)

貨物所分散為五口徵四口為多一二年計至

有限縱之從權於一口所辦並能即咸豐五

年分徵收此後征收未能如舊之實在情形也

除循例照每造部冊銷外謹將徵收支錢數

並劃收關稅情形另摺恭具

奏伏乞

皇上聖鑒謹

奏

咸豐七年九月二十八日奏

硃批户部知道欽此

八月初二日

七九一　署理兩廣總督柏貴奉上諭著相度機宜先行辦理英人竄入廣東省城事（咸豐七年十二月十八日）

軍機大臣　密寄
署理
欽差大臣兩廣總督柏　廣州將軍穆　暫署廣東
巡撫江　滿洲副都統雙　漢軍副都統雙
前戶部侍郎羅　二品銜前太常寺卿龍　前
工科給事中蘇　咸豐七年十二月十八日奉
上諭：前因夷人竄入廣東省城，新授兩廣總督黄宗
漢到任需時，令柏貴署理欽差大臣關防、兩廣總
督事務，並寄諭該署督等相度機宜，先行籌辦。此

次夷情猖獗原因葉名琛剛愎自用辦理乖謬以
致夷人激忿但該夷自通商以後十有餘年一旦
違背和約踞我城池辱我大臣情同叛逆豈得謂
之無罪此時若絶其貿易聲罪致討實屬名正言
順惟念起釁雖自該夷而我國大臣辦理亦未盡
善是以暫緩用兵先與講理並非畏其兇鋒甘心
忍受也廣東民人及各國夷人應共喻朕大公無
我之意道光二十九年唤夷不敢進城實賴紳民
之力令葉名琛既不能駕馭夷人復不能激勵鄉

七九一　署理兩廣總督柏貴奉上諭

著相度機宜先行辦理英人竄入廣東省城事(咸豐七年十二月十八日)

團勳其公忿以致大傷國體實堪痛恨著柏貴與紳士羅惇衍等密傳各鄉團練宣示朕意如該夷悔禍退出省城尚可寬其既往以示懷柔若仍冥頑不服久踞城垣惟有調集各城兵勇聯為一氣將該夷驅逐出城使不敢輕視中國然後與之剖辯曲直為後來相安地步方足以尊國體而杜要求據黄宗漢奏外夷搆釁恐致土匪乘機滋事揆度時勢自應嚴防土匪以固根本又恐夷人勾結為奸其患更不可測應如何撥兵防禦以消内患

七九一　署理兩廣總督柏貴奉上諭
著相度機宜先行辦理英人竄入廣東省城事(咸豐七年十二月十八日)

之處著柏貴等妥籌辦理又據黄宗漢奏該督前任浙江巡撫時與穆克德訥共事知其在乍浦副都統任内不獨能得兵心並且深得民心此時夷務喫緊各屬匪徒未盡撲滅該將軍務與該署督等熟商安内攘外之方勿生他變前據葉名琛奏稱嘆夷兵力已弱其國主不願與中國滋事又奏稱咪國吐嘡哈等來至黄埔懇求開艙貿易經葉名琛照覆咪酋頗知感戴今據穆克德訥等奏咪夷求見葉名琛堅持不允旋至各礮臺被佔是否係

七九一　署理兩廣總督柏貴奉上諭

著相度機宜先行辦理英人竄入廣東省城事(咸豐七年十二月十八日)

咪夷因嘆夷無力賠其焚燒貨物故爾稱兵助惡
希圖要求中國以遂其賠償之願並著查明具奏
本日頒發欽差大臣關防著先交柏貴祇領其舊
藏關防若未遺失即著封存遇便派員齎部呈繳
將此由六百里各密諭知之欽此遵
旨寄信前來

七九二　署理兩廣總督柏貴奉上諭

著激勵粵東紳民重創英夷使其退出省城(咸豐八年正月初二日)

軍機大臣　密寄

署理

欽差大臣兩廣總督柏　廣州將軍穆　暫署廣東

巡撫江　咸豐八年正月初二日奉

上諭穆克德訥等奏續陳夷務情形各摺片覽奏均悉此次暎夷顯背成約稱兵犯順陷我省會刦我

大臣以情理而論即當絶其貿易調兵剿辦方足

伸天討而快人心前此諭知柏貴等如該夷退出

省城尚可寬其既往若久踞城垣惟有調兵驅逐

然後與之剖辦今據奏稱該夷欲俟議定章程方

七九二　署理兩廣總督柏貴奉上諭著激勵粵東紳民重創英夷使其退出省城（咸豐八年正月初二日）

肯退出省城其為要挾已屬顯然而柏貴等竟與商建夷樓先議開港束手無策何至於此日内傳聞該夷欲於河南地方建立夷館又欲於海口抽釐柏貴等均欲應允朕意柏貴久在粵東熟悉夷情未必如此遷就今覽奏報傳聞竟非無因豈因葉名琛在彼故存投鼠忌器之心耶葉名琛辱國殃民生不如死況已革職有何顧忌穆克德訥柏貴等亦皆有失守城池之罪朕從寬議處原欲汝等運籌補救起見不料竟在夷人掌握之中恨不

七九二　署理兩廣總督柏貴奉上諭

著激勵粤東紳民重創英夷使其退出省城(咸豐八年正月初二日)

即與通商希圖目前了事也現在黄宗漢未到柏
貴署理欽差大臣該夷必與議論通商多方要挾
若允其在河南建蓋夷樓逼近省城將來必不能
相安至中國抽釐為近日濟餉起見軍務告竣即
當停止今夷人欲抽釐則無停止之日恐均非商
民所願從前咦夷欲入省城因粤民公憤禁止柏
貴豈不知之今省城失守而粤民並不糾衆援救
諒因葉名琛剛愎自用以致人心渙散今柏貴等
既不能抽身出城帶兵決戰尚不思激勵紳團助

七九二　署理兩廣總督柏貴奉上諭

著激勵粵東紳民重創英夷使其退出省城(咸豐八年正月初二日)

威致討自取坐困毫無措施其畏葸無能殊出意外此次該夷背約奪我省城並非中國先行開衅倘粵東紳民激於義憤集團討罪柏貴等毋許禁止若能借紳民之力加以懲創將該夷退出省城使知衆怒難犯歛其兇鋒然後柏貴等出為調停庶可就我範圍不致誅求無厭在柏貴等亦剛柔並用不至事事應承傷國體而失人心也至該夷欲來天津自有辦法毋庸過慮將此由六百里密諭知之欽此遵

旨寄信前來

七九三　欽差大臣兩廣總督黄宗漢奉上諭著到任後與英國交涉宜剛柔并用相機辦理(咸豐八年二月二十二日)

軍機大臣　密寄

欽差大臣兩廣總督黄　咸豐八年二月二十二日

奉

上諭前因各夷酋投遞照會欲來上海當經諭知何桂清等設法令其回粤再由黄宗漢與之理論本日據何桂清奏黄宗漢已於二月初三日由蘇州起程赴浙並稱上海續到火輪船三隻又有嘆夷兵船二隻哦夷兵船一隻寄泊吳淞外洋尚無動靜與本日柏貴等所奏夷船陸續開行之語相符

七九三　欽差大臣兩廣總督黄宗漢奉上諭著到任後與英國交涉宜剛柔并用相機辦理(咸豐八年二月二十二日)

現在柏貴等在粤已與該夷開市通商並據奏稱各夷酋等均已歡悦而去現只夷兵數百人尚在城中惟不肯搬移出城必欲俟大局議定始肯退出等語上海地方不便與之理論止能諭令回帆已密諭何桂清妥爲籌辦而廣東業與通商已非上年情形可比前此諭令羅惇衍等集團驅逐日久未見覆奏想係柏貴等恐開釁端不令遽行舉動或該夷酋聞有此舉慮其受虧故舍廣東而趨上海柏貴等遂信爲民夷相安總須黄宗漢迅速

七九三　欽差大臣兩廣總督黄宗漢奉上諭著到任後與英國交涉宜剛柔并用相機辦理（咸豐八年二月二十二日）

抵粤方能相機籌辦著將柏貴等本日摺件抄給
黄宗漢閲看務須將前次諭示機宜及該省現辦
情形參酌辦理朕亦不為遥制現在中原多事兵
餉兩虧上海正行海運固以息事為宜但國體攸
關豈可遂其要求之志致令他國復啟效尤之念
黄宗漢到後仍未可輕易入城伍崇曜既為該夷
説合通商即可令其探夷酋之意如仍有需索兵
費之事當告以焚燒商民房屋貨物先須賠補借
紳民之力以杜其訛索之端然後相機酌辦剛柔

七九三　欽差大臣兩廣總督黃宗漢奉上諭著到任後與英國交涉宜剛柔并用相機辦理（咸豐八年二月二十二日）

並用操縱在我不可一味遷就致失國體而啟戎
心水師提督吳元猷疎防夷船闌入省河已降旨
革職暫行留任該督到後即飭令嚴防海口以固
藩籬為要將此由六百里密諭知之欽此遵
旨寄信前來

七九四 署理兩廣總督柏貴奉上諭 著暫準英國等先行通商(咸豐八年三月二十六日)

軍機大臣 密寄
署理
欽差大臣兩廣總督柏 廣州將軍穆 咸豐八年
三月二十六日奉
上諭穆克德訥柏貴奏遵覆夷務情形請先許通商
一摺嘆夷此次稱兵犯順占踞省會擄劫督臣情
殊可惡即使絶其貿易亦不為過惟念此事由於
葉名琛辦理不善業已降旨將其革職儻該夷自
知悔悟退出省城則我朝寬大之恩尚可恕其既

七九四　署理兩廣總督柏貴奉上諭

著暫準英國等先行通商

（咸豐八年三月二十六日）

往該夷以貿易為本若必不准通商致令貨物壅
滯生計蕭條亦殊非柔懷遠人之道既據柏貴等
奏該夷籲請通商自應乘勢利導暫行允許以示
羈縻現在哦咈㖊咪等國船隻均集天津節據譚
廷襄等奏報委員接見情形並各該酋投遞照會
㖊咈兩國尚形桀驁而哦咪則情詞恭順且欲從
中為㖊咈好言說合似無須聲罪致討其建館抽
釐各節統俟黄宗漢到粵時斟酌辦理另片奏請
摘扯起 於粵海關稅餉項下酌撥銀三十萬兩充作軍需

七九四　署理兩廣總督柏貴奉上諭

著暫準英國等先行通商

(咸豐八年三月二十六日)

等語著准其就近陸續提支摘抄止以資防勦將此由六

百里諭令知之欽此遵

旨寄信前來

摘抄交戶部

查開准駁各夷條款

一哦夷請准報事人由旱路行走恰克圖並代備器械等語已令仍由海道行走鎗礮等件毋須代為豫備

一哦夷請增添口岸已允照各國一體在五口通商其黑龍江查勘地界仍由該處辦理

一哦夷請進京駐紮等語道光年間各夷和約内並無進京一條此次哦夷創議與體制不合

一咪夷請添設港口等語已准於閩粤兩省通商海

口之地酌加小口各一處各關均同
一咪夷請計噸納鈔等語已許其照各國一律辦理
一咪夷請建立塔表查無成例毋庸議
一咪夷請駐京師及文移直達禮部内閣與哦夷相同無此體制
一咪夷請賠償銀兩等語該國被刦被焚船貨等物均應於失事時遵照和約辦理事已年久不應代為賠償
一咪夷請傾融銀餅中國向用紋銀不必另鑄

七九五　英法美各國商約條款準駁清單（咸豐八年四月）

一咪夷請禁止鴉片煙及騙誘民人出口此皆中國
例所當禁應仍由地方辦理
一唤夷請進廣東省城應順民情不能官為定議
一唤夷請不得毒害習敎夷人如有在内地犯法者
照舊約辦理
一唤夷請酌減貨税已允其請惟税則定於廣東應
由該省督撫覈辦
一唤夷請駐京師並唤民遊歷各省與哦夷同應毋
庸議

一咈夷請查辦馬神父一案已許其再由該省查辦

一咈夷請賠補貨物軍需與𠼝夷同毋庸議

一咈夷請傳教遊學貿易給與執照事所難行仍照舊約辦理

一咈夷請寓京師與哦夷同毋庸議

一咈夷請免重疊科稅已許其由廣東覈辦

一咈夷請添口通商允與𠼝咪等一律辦理

一咪夷已許其船鈔覈減一層其所請貼補十餘年來折損銀約五六十萬未曾允准惟咪夷不助𠼝

夷犯順尚屬恭順自應酌量優待以服其心如其所請前項可允其照上次上海之例酌量免其稅銀三四箇月其十餘年折損一項歷年久遠無從查知仍無庸議

一嘆夷所請已許其減稅一層此係永遠得利已不為薄因嘆夷之請而各國均霑在伊亦甚體面至用兵兩國損傷理難賠補如請添海口已因咪國之請而允其二小口今若嫌不足即咪國所請廣東各口內酌加一口亦尚可行應在何處地方仍

須本省督撫察看情形方能指定

一咈夷傳天主教一節舊約原止准在通商各海口若入内地查明送還本國歷經照辦有年今咈夷請給與照票不拘何處聽其遊行恐日後如西林縣疑案更多徒增口舌是以未允應仍照舊約辦理此外減稅添口與各國相同其利亦屬不少賠補一層伊既用兵亦無此理

一哦夷已准在五口通商新加之口事同一例此外亦無可加其黑龍江查勘分界已與言明歸黑龍

七九五　英法美各國商約條款準駁清單（咸豐八年四月）

江將軍查辦與海口通商無涉

一聞廣東自㖆咈二公使北來之後在省兵目淩虐民人廣東人齊心報復經將軍署督禁止今新總督到後亦加禁約但百姓衆多官兵力難彈壓設有變動以致㖆咈兵目受傷我等遠在數千里外無從知悉並無不是既歸和好亦須言明在前此層須俟諸事議定後再與說

一舊時和約行之已久此次增改皆與各國有益於中國未有益處中國原不爭利惟舊約既已改動

其中有不便於中國者亦須改動幾條以歸公允
俟到廣東時查明酌議
一㖷咈二夷惟賠償兵費一層最為棘手允之則無
名又開哦夷藉口不允則彼在貪利恐難饜其求
如果非此不可只好告以兩國相爭各有兵費理
不當賠廣東通商各國不少自有公論俟到廣查
中國應賠若干㖷國應賠若干咈國應賠若干自應分別
問如各國皆云中國應賠亦或酌量賠補在稅銀
内分年坐扣其數難豫定

七九六　粵海關監督恒祺奏折

粵東通商後關稅停征相機籌辦開征事宜(咸豐八年七月十五日)

恒祺關稅停征現在籌辦由

奏

另抄咨交户部〇

九月初七日

粵海關監督奴才恒祺跪

奏為粵東通商以後關稅又復停征現在相機籌

辦據實具

奏仰祈

聖鑒事竊奴才於本年二月初一日奏將開港通商並

七九六　粵海關監督恒祺奏折

粵東通商後關稅停征相機籌辦開征事宜（咸豐八年七月十五日）

例納稅情形會同廣州將軍穆克德訥暨
兩廣總督柏貴恭摺
奏明在案查自正月十一日開征起截至五月十七
日止大關共征銀三十二萬兩零奇
奏撥西北兩江軍需各款俱係隨撥隨解存不敷
因夷氛未退接准兵部左侍郎羅惇衍等
來文咨稱欽奉
諭旨已令譚廷襄等告知該夷限四月內繳還廣
東省城等因欽此欽遵議立章程斷絕夷人
接濟凡一切通事務及跟包人等概不准與之交
易邇時近省河面壯勇亦將火箭拋擲夷船夷酋

七九六　粤海關監督恒祺奏折

粤東通商後關税停征相機籌辦開征事宜(咸豐八年七月十五日)

防壯勇搶掠當即封河不准船隻來往華夷各
商因之畏懼搬徙一空大關税餉不禁而自停五月
十八日又復停止貿易此關税開征後復行停征之
原委也迄今一月有餘夷兵與壯勇互有殺傷
商人裹足不前奴才正深焦灼旋於咸豐八年六月二
十六日承准軍機大臣密寄六月初六日奉
上諭昨因各夷和約已成等因欽此並
另傳諭寄來穆指通之條與大局漸定關税事宜惟
有隨時與臣黄宗漢會商相機籌辦一俟中
外商民各安生業即當照舊開征務期設法招
徠征收暢旺藉以欽仰叔

七九六　粵海關監督恒祺奏折

粵東通商後關稅停征相機籌辦開征事宜(咸豐八年七月十五日)

高厚生成於萬一。所有關稅停征現在相機籌辦
緣由，謹會同兩廣總督臣黃宗漢合詞恭摺
具
奏，伏乞
皇上聖鑒。謹
奏。
咸豐八年九月初二日奉
硃批：另有旨。欽此。

七月十五日

七九七　英國領事致大學士桂良照會

兩廣總督黄宗漢辦事失當應裁撤(咸豐八年九月初三日)

為照覆事接據貴大臣來文披讀之下殊為駭異痛惜查本大臣於八月三十日來文内將粤東官憲失當深重之處言明貴大臣獨出一議止以前在天津兩國欽差便宜行事大臣於五月十六日商定條約後奉上諭概准依議欽此旨緣由迨今纔行許為曉諭使民知悉倘若貴國彼時果懷真信即先數月諭示布聞顯為應行況今自不便更為躭延但所納者不過文件

言詞則本大臣將以望和抑或望兵實屬無據
至黄總督暨督辦紳士舉動或由
貴國背分失防或由督憲等固顧爭端本國提督
府雖經咨知和好復定而仍肯辦行本大臣亦
不庸察問要在因顧始終之景僅以
貴國將總督黄雖任並將紳士特奉之權削去之
議可爲
貴國誠存兩邦永敦和好之至意不及此法之全
則毋庸議也爲此照會希貴大臣及早照覆須
至照覆者
右九月初三日英酋照覆

七九七　英國領事致大學士桂良照會　兩廣總督黄宗漢辦事失當應裁撤（咸豐八年九月初三日）

七九八　大學士桂良致英國領事照會

已參革兩廣總督黄宗漢并擬撤廣東團練(咸豐八年九月初四日)

為照覆事接據貴大臣來文詳細披閲始知本

大臣奉

命與貴大臣在天津商定條約實心和好之意貴大

臣尚未深信且以出示曉諭不便更為耽延僅

將總督黄離任並削去紳士之權可為誠存兩

邦永敦和好之至意等因准此查本大臣自出

京以來沿途訪聞兩廣督部堂黄辦理一切未

能妥善業於途次具摺參奏不久即可奉到

諭旨離任當不遠矣至該省紳士辦理團練原為防

備土匪起見各省皆有已於前次照會内言明

今貴大臣既因此懷疑應由本大臣奏請

七九八　大學士桂良致英國領事照會　已參革兩廣總督黄宗漢并擬撤廣東團練(咸豐八年九月初四日)

大皇帝撤去其權以示和好之至意相應照覆希貴
大臣查照須至照覆者
右九月初四日照覆㖃首

七九九　大學士桂良奏折

與英人商定和約因廣東之事棘手難行(咸豐八年九月十五日)

桂良等　夷務辦理情形由

奏　○

九月十五日

臣桂良花沙納何桂清明善恭承寄諭

奏覆夷務辦理棘手謹將現在情形恭摺奏祈

聖鑒事竊臣等於本月初三日將抵滬後照會英夷各情由

五百里馳

奏在案英夷情變詐非常且反覆無定情雖要挾情形久在

七九九 大學士桂良奏折

與英人商定和約因廣東之事棘手難行（咸豐八年九月十五日）

聖明鑒。臣等先後抵蘇，探訪該夷自入秋以來，桂良臣等到
滬，積匪嘖有煩言，素聞有狂悖情狀，及本月二十日照
會該夷，令其派人前來議事。詎該夷置之不錄，即於是
是日送來照會，以廣東之事，喋喋置辯。臣等先以一面出
示曉諭居民，一面咨照兩廣督臣黃宗漢毋再出示，除
令紳士羅惇衍等暫且停兵，靜候申江消息。詎該夷大
不滿意，於初三日照覆前來，情詞傲慢，各款已摘錄恭呈
御覽。臣等與藩臬兩司悉心商酌，殊難計出萬全，若不允所
請，但他事不能商辦，且恐立時決裂。況該夷不見臣等四人
同來之前，挾我將約之言，時時聲言北竄，並一再至天津大局

七九九　大學士桂良奏折

與英人商定和約因廣東之事棘手難行(咸豐八年九月十五日)

該撫設想若允其所請又恐

國體攸關索款雖經事不得已於無可挽之中為權宜

權宜之法當即備文照覆免致香港告以沿途風聞如虞

總督辦理一切未能妥協早已具摺參奏臣謹將原底

恭錄進

呈伏求

皇上訓示現在該夷是否靜候

諭旨抑或先行商議別事俟其照覆前來方能定局但願仰仗

聖主鴻福該夷不別生枝節即俾臣等得以悉心將善後要事設法

消弭並於稅務中將賠償一款定明按年攤扣歸還以便

七九九　大學士桂良奏折

與英人商定和約因廣東之事棘手難行（咸豐八年九月十五日）

今其交還廣東省城，指顧目前大局，只件要事，亦可從緩。但
該酋等照原定章程急論，該夷斷不肯全行罷議，而
利權一歸外國，反役華商往來，詢處無可稽查，所謂太阿
倒持，授人以柄，其弊不可勝言，且恐稅務夷而稅於商，更
有許多窒礙。臣等於啟因執，備見英夷精于漏稅，斷無不
遵照原定章程妥辦之理。區區愚忱，諒蒙御覽
聖明鑒察。除將該夷照會及臣等照覆底稿抄錄呈
覽，並將該夷兩次照會原底咨軍機處備查外，所有辦理
棘手緣由，謹合詞恭摺由六百里馳奏。
伏乞

七九九　大學士桂良奏折　與英人商定和約因廣東之事棘手難行（咸豐八年九月十五日）

皇上聖鑒訓示謹
奏
咸豐八年九月十五日奉
硃批　欽此

八〇〇　粤海關監督恒祺奏折

報告關稅收支數目

（咸豐八年十一月初十日）

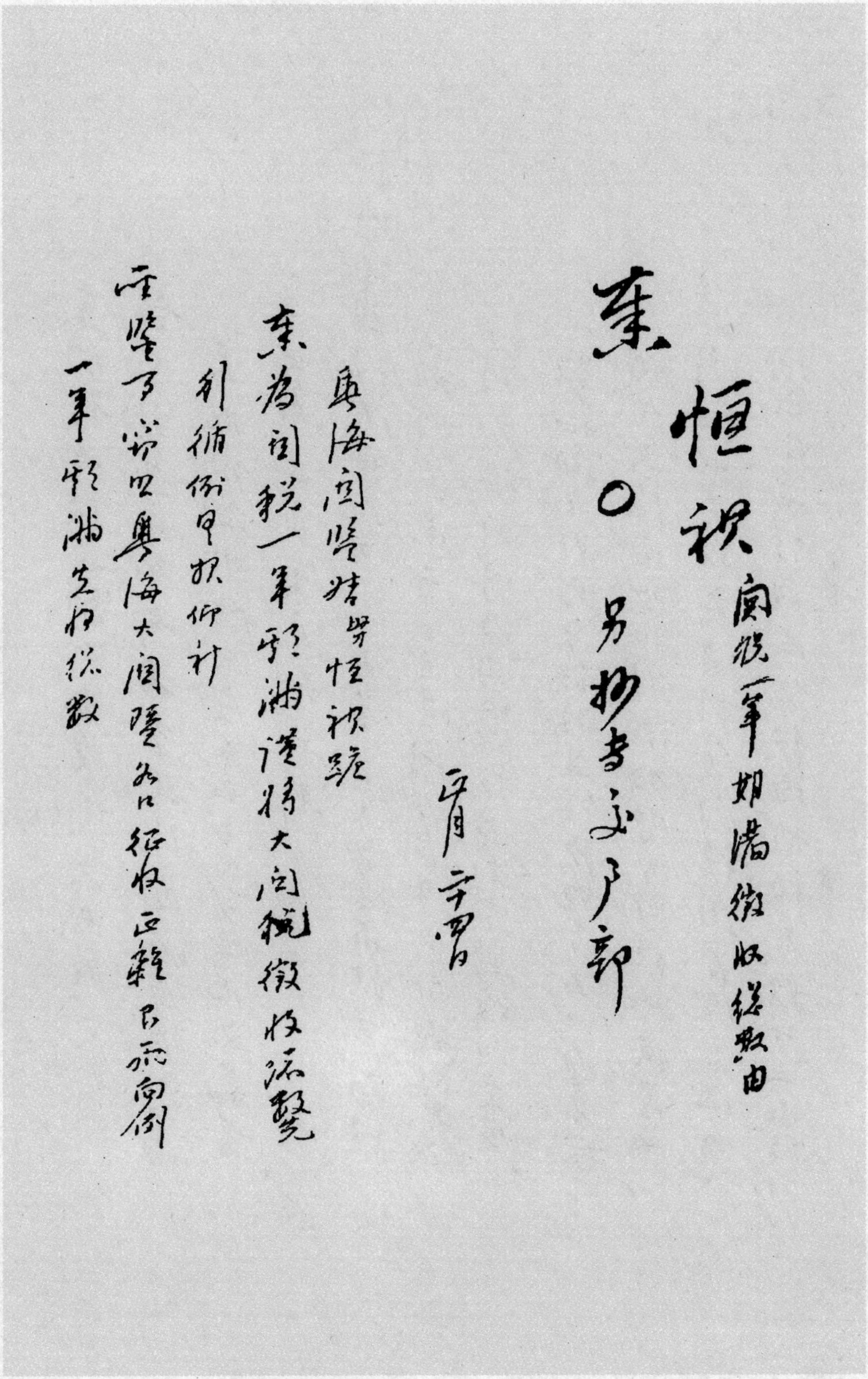
奏
恒祺
奏報一年期滿徵收總數由
○ 另抄咨户部
肩字寄
粤海關監督臣恒祺跪
奏為關稅一年期滿謹將大關徵收總數
列循例具摺仰祈
聖鑒事竊照粵海大關暨各口徵收正雜各稅向例
一年期滿先將總數

奏明俟查核支請確數另行恭疏具
題外款造册報部恭查粵海關原定正額銀四
萬兩銅觔水脚銀三千五百六十四兩又嘉慶
四年五月準戶部劄行
欽定粵海關盈餘銀八十五萬五千五百兩欽遵辦理
嗣於道光二十三年閏七月準戶部劄行粵海
關應征外洋及內地正稅並部定盈餘向來四
款征銀之外尚有額外盈餘銀現既分五口通商若
仍令粵海關照例徵銀勢有所難此後粵海
關征不足數應請於廈門福州寧波上海各
關所征西洋各國貨稅內撥補足數等因亦准

八〇〇　粵海關監督恒祺奏折　報告關税收支數目（咸豐八年十一月初十日）

各在案。茲咸豐八年分關期於七年八月
二十六日起至八年八月二十五日止，一年期滿。
因前英夷滋事停止貿易，嗣於本年二月初
一日曾將前港通商照例徵稅情形，會同
奏明。查新章於八年正月十一日開征起，截至五月
十七日止，大關共征銀三十二萬二千八百九十
六兩六錢六分二釐。本月十八日至七月十七
日共征。自七月十八日起至八月二十五日洋關
止，共征銀一萬四千六百七十七兩五錢
五分五釐。統計一年期内大關共征銀三
十三萬七千五百七十四兩二錢一分七釐。至

八〇〇　粤海關監督恒祺奏折　報告關税收支數目

（咸豐八年十一月初十日）

各口税數俱因各處賊匪竄擾，商客路途間
有阻滯，税册未能依限到齊，業已分別飭催，並
其所有各口征收税數，擬請俟來續付再行彙總
奏報，以歸覈實。再，道光二十三年更定通商税
則，奉程會
奏案內聲稱，福州、廈門、寧波、上海四處海關所征
夷税，統歸粵海關彙覈具
奏。茲咸豐八年分各關所征税銀，為未准咨會
候，各關將一年征收總數稽會到日，另行彙總覈
算。至前因英夷酋封河之際，大關税餉不禁而自
停，省粵各處鋪戶紛紛將洋貨搬還其內地

零星小販土貨亦因大關停征或有由海道往
關附雷瓊各處銷售者意圖乘機漏報緣夷
船不時出入之路時通時塞自各口均經嚴
飭江門各收餉糧之口實力巡查照舊科稅分
別發冊報納多方密派查訪以防藉端隱匿此
外更恐愚民趨利鋌越影射仍隨時督飭嚴
緝有犯必懲總期稅餉有收實效關務庶不
致廢弛奴才受
恩深重殫竭愚忱凡一切剔私除弊情有隨時會同
督臣於機宜亦力圖設法補苴以裕征收而
重餉課現將大關征收稅鈔數目遵例列冊

八〇〇 粵海關監督恒祺奏折

報告關稅收支數目

(咸豐八年十一月初十日)

送部覈對除停征之日並無船隻稅款可
覈外謹將粵海關一年期滿大關征收總
及各口稅銀未能一併奏报緣由恭摺具
奏伏乞
皇上聖鑒謹
奏
咸豐九年正月二十三日奉
硃批
欽此
八年十一月初十日

八〇一　粤海關監督恒祺奏折

大局漸定粤海關恢復征税

(咸豐八年十一月初十日)

八年正月初四日

補

將關税照常征收片

再，奴才於本年柒月拾伍日經將關税不禁而自停，會同督臣黄　　相機籌辦緣由恭摺

奏明在案。查陸月貳拾陸日准軍機大臣密寄，陸

八〇一　粵海關監督恒祺奏折

大局漸定粵海關恢復征税

（咸豐八年十一月初十日）

月初陸日奉

上諭昨因各夷和約已成降旨令桂良等馳驛前往

江蘇會同何桂清妥議通商税則事宜等因欽此遵

旨傳諭前來奴才捧誦之餘知大局漸定自應量其時

勢權宜辦理明經撫臣接篆後與督臣分别曉

示商民各安生業夷人封河船隻亦即退去河

道來往通行商民漸復舊業旋於本月拾捌日

有英國商船駛進省河請驗照例輸納奴才體察

情形其勢未便拒絕當即照舊驗征該商遵例

納餉即經函致於督臣面商於撫臣並將所收
稅數伍日壹列報陸續報知督臣查核兩月以
來各國間有船隻報驗而甫經進口多屬零星
粗貨自柒月拾捌日起至玖月貳拾日僅征銀
叁萬貳千玖百餘兩緣貿易雖經漸通各商資
本較重者仍不免尚有懷疑觀望大宗茶葉尚
未流通嗣據茶商等因買賣滯銷等情赴督臣
稟訴經督臣剴切批示務期中外乂安商民樂
利以仰副

聖主懷柔恤商之至意自批示以來商民不招而自
至茶葉頗覺暢行税課漸有起色自玖月貳拾
壹日起至拾壹月初捌日征銀貳拾貳萬肆千
捌百餘兩陸續撥解軍需總局以為剿辦西匪
之用努受
恩深重具有天良當此奠定綏安之時正應殫精竭
慮之日現在上海所議税則章程粤省尚未奉
到明文報驗輸餉仍照舊章辦理此後一切事
宜惟有隨時相機權宜妥辦總期中外又安商

民樂業
國課豐盈稍報
高厚生成於萬一所有關稅照常征收辦理緣由理
合附片陳明謹
奏
咸豐捌年拾壹月初拾日拜發
咸豐玖年正月貳拾肆日奉
硃批知道了欽此

八〇二　大學士桂良奏折

接英國照會因未撤兩廣總督及三紳局而憤憤不平（咸豐八年十二月二十六日）

〇

已封摺（粘單并片係）間又據該夷照会以未能剴撤兩廣總督及三紳局

憤憤不平臣等應即一面照覆一面設法羈縻要局以便

商議各事特將原來照会抄錄恭呈

御覽並將原件及前兩照会原件一併密呈軍機處查照此謹片

陳明謹

奏

咸豐八年十二月二十六日奉

硃批覽欽此

八〇三 英國領事致大學士桂良照會
兩廣總督及紳局尚未查辦擬督軍懲辦(咸豐八年十二月二十六日)

為照會事照得前於九月間貴大臣等到滬之
際本大臣曾以粤城情景種種乖舛貴大臣若
不允以黄制軍決為離任並將羅龍蘇三紳所
奉權衡亦必裁撤按此行辦則本大臣概不與
議等詞行文去後疊接來覆内以亟行入
奏俟奉
諭旨依議施行恭録轉送等語憑此切據本大臣即
將攸關彼此克敦和好立須酌定要款數節先
後措行會議詎至久候三月請貴大臣按照前
言奉到

八〇三　英國領事致大學士桂良照會兩廣總督及紳局尚未查辦擬督軍懲辦(咸豐八年十二月二十六日)

諭旨希為轉達乃昨接復文所録送
廷寄一道詞旨總無必將黄制府離任局紳撤裁之
　意反見明飭貴大臣等於此節作何施辦
御旨毫不納貴大臣等所諫亦復昭然頃又接南來
　信粤城英兵在郊外遊行稍無妨礙於人突被
　鄉勇妄施鎗礮情勢一至於此本大臣意見已
　決一則因貴大臣等奉
上命查辦事件之權於粤城一事顯見不足兼顧此
　事可無再與貴大臣等提論一則一面行知粤
　城本國水陸軍門即應督率軍旅在於粤東一

省各處任意巡行查閱果有鄉勇人等胆爲胡
行相欺從重懲辦俟本大臣或承任大員進
京交付條約時方得曉然粤事如此是否
皇上所准施行祇悉則隨事置辦也爲此須至照會
者

八〇四　廣東巡撫柏貴奉上諭著核實粵海關征税數目報部并嚴禁漏税(咸豐九年正月二十四日)

軍機大臣　字寄

廣東巡撫柏　傳諭粵海關監督恒祺　咸豐

九年正月二十四日奉

上諭恒祺奏關税一年期滿將徵收總數循例具報一摺粵海關税一年期滿僅徵銀三十三萬七千

五百餘兩欠缺甚多自係因各處土匪未平夷務

未定所致惟該監督另片奏稱茶商等因買賣滯

銷赴該督稟訴經黄宗漢飢切批示自九月至十

一月已徵銀二十二萬四千八百餘兩是該關税

八〇四　廣東巡撫柏貴奉上諭　著核實粵海關征稅數目報部并嚴禁漏稅(咸豐九年正月二十四日)

課已漸有起色從此商民相安自可逐漸增加現
在税銀祇可供剿辦西匪之用俟關税稍充各處
協撥款項亦應設法籌解著柏貴隨時體察情形
妥為辦理並傳諭恆祺飭各國商船遵例納餉之

硃

京協各餉最關緊要著隨時報解以濟[illegible]需不准全數截為本省之用
際竭力疏通嚴查偷漏至所徵數目並著覈實報
部以重稅課而便稽查將此由五百里諭知柏貴
並傳諭粵海關監督恆祺知之欽此遵
旨寄信前來

八〇五　粵海關監督恒祺奏折
報告關稅收支數目
（咸豐九年五月十一日）

奏
恒祺
關稅收支銀數由
交〇

七月初九日

粵海關監督奴才恒祺跪
奏為恭報關稅收支實數仰祈
聖鑒事竊照粵海關每年徵收關稅銀兩例將收支
實數分款造報查咸豐六年分關稅自五年九

八〇五　粤海關監督恒祺奏折(咸豐九年五月十一日)

報告關稅收支數目

月二十六日起至六年九月二十五日止一年期
内大關共徵銀一百八萬二百四十兩五分七厘
至各口稅數，因夷人滋事，路途梗阻，該冊未
能依限到省，俟奏銷時再行彙總
奏報，以歸覈實。茲因前經
奏明在案，現據各口繳到冊報，實共徵銀七萬六
千五百六十五兩八錢二分三厘，大關各口二共
徵銀一百一十五萬六千八百五兩八錢八分
覈實，照例造報。查六年分徵收稅銀內除
循例應支正額銀四萬兩、銅觔水腳銀三千

五百六十四兩普濟院公用銀四萬兩又支銷通
関經費養廉工食及鎔銷折耗等銀六萬八千
七百六十八兩二錢三分六厘又循例動支報解
水脚銀二萬六千七百三十六兩二錢四分八厘
又部飯食銀二萬六千一十三兩三錢四分八厘
又支解造辦處裁存備貢銀五萬五千兩又
支補解廣儲司四年二三四季分公用銀二十
二萬五千兩又正雜盈餘平餘水脚造辦處
備貢廣儲司公用等十五兩加平共銀一萬四
千三百六十兩八錢一分一厘又造辦處備貢

八〇五　粤海關監督恒祺奏折

報告關税收支數目

(咸豐九年五月十一日)

廣儲司公用均二十五兩加平共銀七千兩實
存應解户部關稅銀六十五萬三百六十三
兩二錢三分七厘又另存平餘銀二百八十七兩
九錢四分三厘以上應存解户部關稅並平
餘水腳部飯房造辦處備貢廣儲司公用連
十五兩加平二十五兩加平共銀一百萬四千七
百六十一兩五錢八分七厘除撥歸五年分不敷
撥解藩庫銀六萬三千五十四兩二錢七分
三厘又撥解還廣儲藩庫銀二萬六千二百
九十兩六錢二分六厘廣東藩庫發交山東省

委員造船經費銀三萬七千兩本省軍需總局
銀三十六萬三千四百四十八兩九錢五分七釐戶
部銀六萬三千兩十五兩加平銀九万四十五兩
又發交委員孫士廉匯解過江西軍需銀一
萬一千兩本省軍需總局代解廣西軍需銀
一十萬兩廣東藩庫代解廣西軍需銀二萬兩
雲南兵餉銀五萬兩貴州兵餉銀五萬兩湖南
軍需銀五萬兩江西軍需銀一十五萬兩金陵
大營銀一十三萬兩補解過廣儲司四年二三季
分公用銀一十萬五千兩十五兩加平銀一千五

百七十五兩三十五兩加平餘二千六百二十五
兩尚存未解廣儲司四年三四季分公用銀一千
二萬兩十五兩加平餘一千八百兩二十五
兩加平餘三千兩以上通共撥解過銀一
百三十四萬八千八百三十九兩二錢五分六釐
係將前數並存各款抵撥外尚不敷撥解共銀
三十四萬四千七十七兩六錢六分九釐請在咸豐
七年分稅銀內湊足撥解查七年分關稅因
夷務停徵所有前項不敷撥解銀兩籌款湊
解請俟下年徵收關稅撥還歸款

旨酌留尾欠解交藩庫一款並廣儲司公用銀一款本年
均無項可撥合併陳明查撥解廣東藩庫並肇
慶德局銀兩應有節存解餉員盤費銀二千六
百四十六兩八錢五分六釐又四年分廣儲司公用
撥費布袋辟刀鞘用項銀一千八百兩係有役員
搭解赴戶部廣儲司投納至應補解廣儲
司四年三四季分公用加平共銀一十二萬四千
八百兩業於咸豐七年十二月二十九日委員趙裕
向管解公用加平共銀六萬七千六百兩遞
因夷擾折回省城該員兩稟前督臣葉名琛飭令

寄存藩庫亦經
奏明在案尚有應補解四年分節加平銀兩容俟
路途通順即行咨請委員解京交納再查六年分
福州廈門二關共徵銀三十八萬七千六百六十三
兩四錢九分九厘寧波關徵銀三千四百四十七兩九錢
二分五厘上海關徵銀一百六十九萬九千四百九十一兩
五錢八分七厘均准咨會到關送照通商章程歸
入粵海關計算謹將徵收支銷各數恭摺具
奏伏乞
皇上聖鑒謹

八〇五　粵海關監督恒祺奏折
報告關稅收支數目
(咸豐九年五月十一日)

八〇五　粵海關監督恒祺奏折

報告關稅收支數目

(咸豐九年五月十一日)

奏

咸豐九年五月初九日奉

硃批戶部知道欽此

五月十一日

八〇六 署理兩廣總督勞崇光奏折

粵海關尚未開辦鴉片征稅事宜

（咸豐九年七月二十六日）

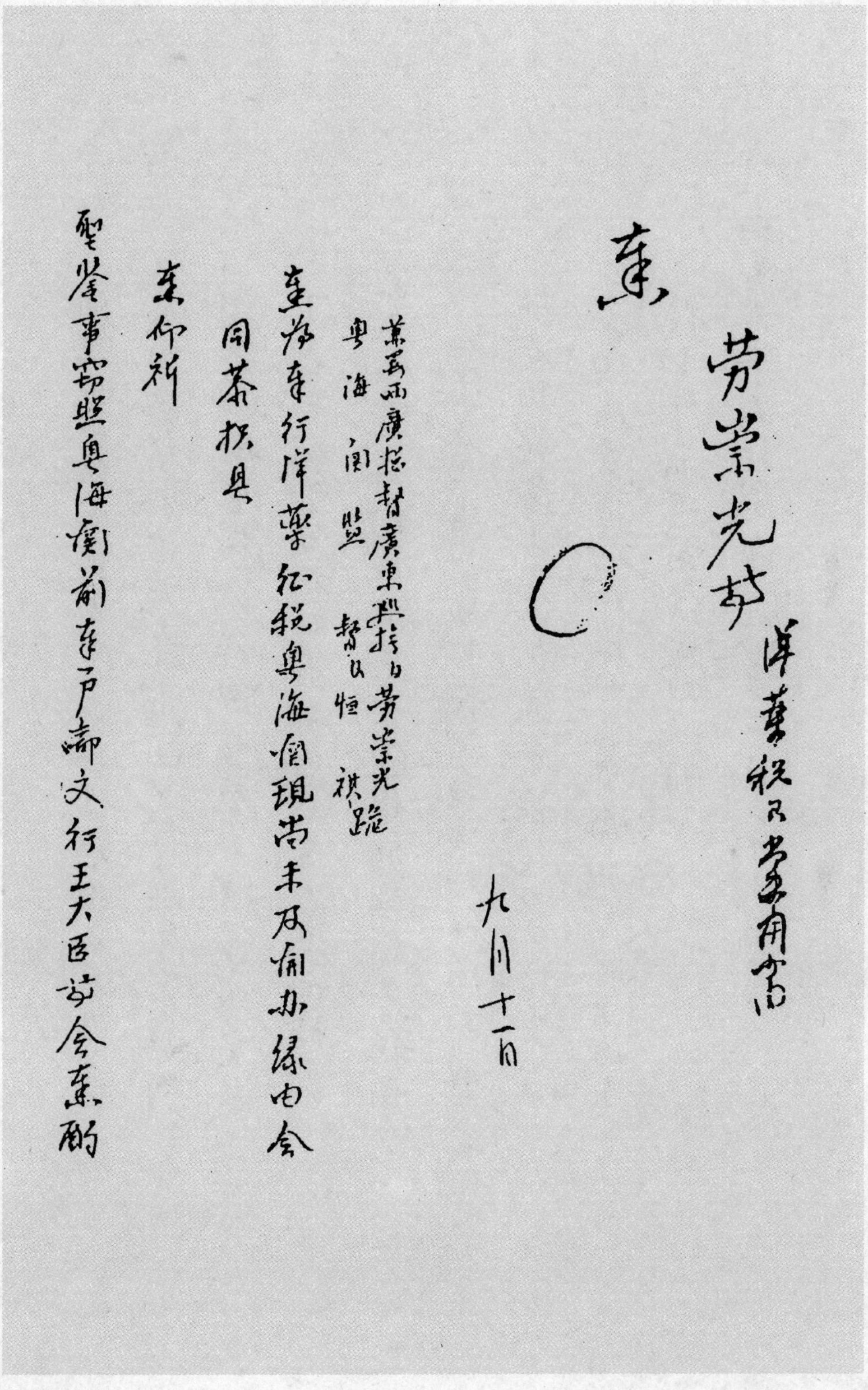
洋藥稅尚未開辦由

勞崇光封

奏

九月十一日

兼署兩廣總督廣東巡撫臣勞崇光跪

粵海關監督臣恆祺跪

奏爲奉行洋藥征稅粵海關現尚未及開辦緣由會

同恭摺具

奏仰祈

聖鑒事竊照粵海關前奉戶部文行王大臣等會奏酌

八〇六　署理兩廣總督勞崇光奏折

粵海關尚未開辦鴉片征稅事宜（咸豐九年七月二十六日）

添稅課一款內開查洋藥一項現准入口貿易即
為內地貨物所有各省關口均應酌定稅則
以免侵蝕逃漏訛詐諸弊今上海一口現定每
百斤稅銀三十兩所有各海口及天津關均係
一水可通再內江河面凡船隻駛到之各稅關
口均請照上海一樣輸稅等語以恒稅道即照
知各國領事當經辦據各該領事云接上海
來信係互換條約俟回國有諭執應聽上海之
信一律辦理等語旋准上海
欽差大臣文行咸豐九年二月二十六日奉

八〇六　署理兩廣總督勞崇光奏折

粵海關尚未開辦鴉片征税事宜
（咸豐九年七月二十六日）

上諭桂良花沙納奏遵查洋藥一摺業均悉所
稱據各國領事照會向來中外收稅章程須
須俟議定後再過四個月方可通行今洋藥亦係稅
課可同一律欽此行知到關以恆祺曾將上海來
文情由呈明戶部在案伏思粵海關徵收洋
藥係屬洋稅其稅餉應遵
諭旨俟條約換後過四個月再行徵收至現在內
江河面各商先照新章通行征收並應捐各
節省內地方處一律經理與勞崇光抵任後已
飭各司道及地方處體察情形妥籌辦法除

八〇六　署理兩廣總督勞崇光奏折

粵海關尚未開辦鴉片征税事宜

(咸豐九年七月二十六日)

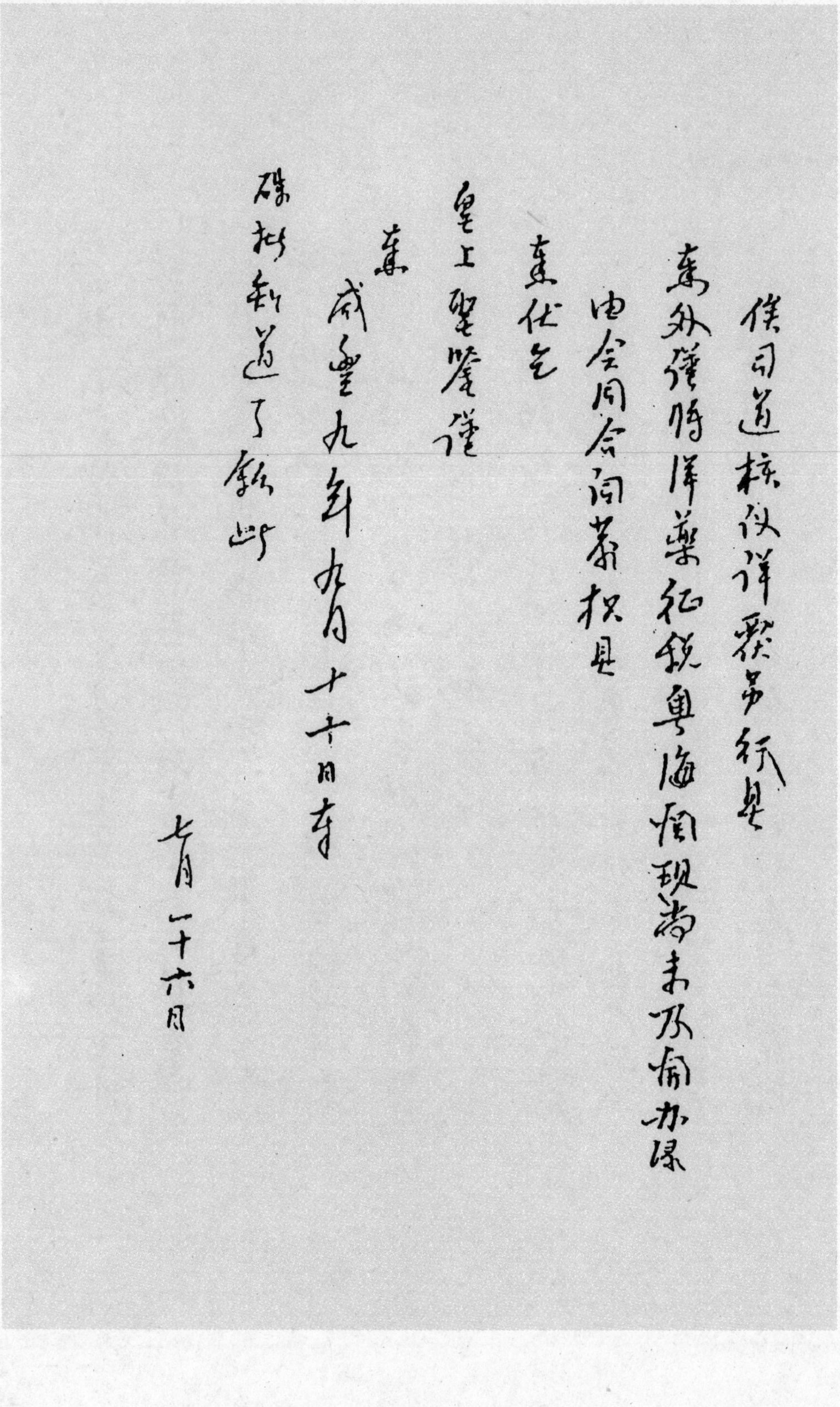

俟司道核議詳覆再行具

奏外謹將洋藥征稅粵海關現尚未開辦緣

由會同合詞恭摺具

奏伏乞

皇上聖鑒謹

奏

咸豐九年九月十六日奉

硃批知道了欽此

七月二十六日

八〇七　粵海關監督恒祺奏折

報告關稅收支數目

（咸豐九年九月二十八日）

奏

恒祺

關稅一年期滿征收數目由

關務
一案

○

十一月十五日

粵海關監督奴才恒祺跪

奏，為關稅一年期滿，謹將大關征收總數先行繕摺具

奏，仰祈

聖鑒事。竊照粵海大關暨各口征收正雜銀兩，向例一年

期滿，先將總數

八〇七 粤海關監督恒祺奏折

報告關稅收支數目

(咸豐九年九月二十八日)

奏明俟查覈支銷確數另行恭疏具

題分款造册解部恭查粤海關原定正額銀四萬兩

銅斤水脚銀三千五百六十四兩又嘉慶四年五月

奉户部劄行

欽定粤海關盈餘銀八十五萬五千五百兩欽遵辦理嗣

於道光二十三年閏七月奉户部劄行粤海關

應征外洋及内地正稅並額定盈餘向未照數

征解之外尚有額外盈餘現既五口通商若仍

令粤海關照舊例征解勢有所难此後粤海關

征不足數應請於廈门福州甯波上海各関所

八〇七　粤海關監督恒祺奏折

報告關税收支數目

(咸豐九年九月二十八日)

征西洋各國貨稅內撥補足數前因承准各在案茲截至九年分自八年八月二十六日起至九年八月二十五日止一年期滿大關共征銀八十一萬五千七百三十六兩二錢七分五厘伏查粤海關稅向以茶葉為大宗近因各處土匪竄擾茶商來粤之路梗阻多有改棹運赴別口兼之自粤省滋事以來大局未定外洋來貨較少以致大關所征未能如舊至各口稅數實因路途間有阻滯稅冊未能依限到齊業已分別飭催查辦所有各口征收總數擬俟集齊時再行彙總

八〇七　粵海關監督恒祺奏折

報告關稅收支數目

（咸豐九年九月二十八日）

查報以歸款實係俟將到關船隻貨物數目造例
列冊送部覈對外再查道光二十三年更定通
商稅務章程令
查案內聲稱福州廈門寧波上海四處海關所征
商稅總歸粵海關彙覈具
查京咸豐九年分上海寧波二關征稅若干均未
准咨會到到福州廈門二關自八年八月二十六日
起至十一月二十五日止據報征銀一十三萬四
千六百一十三兩六錢一分七厘以後續征之
數亦未准咨會札俟各關將一年征收總數

八〇七　粵海關監督恒祺奏折

報告關税收支數目
（咸豐九年九月二十八日）

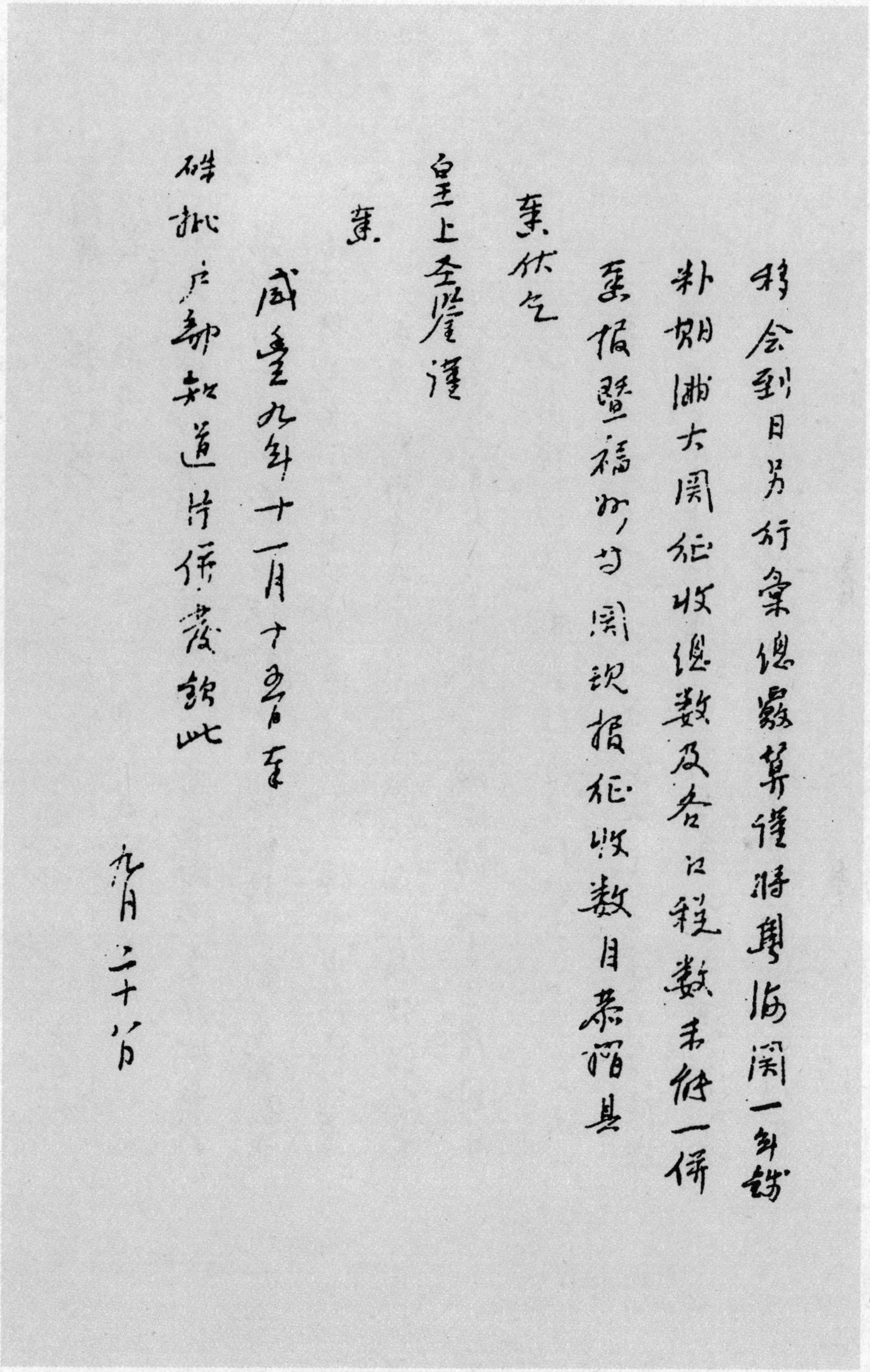
移咨到日另行彙總覈算謹將粵海關一年錢
粮期滿大關征收總數及各口稅數未能一併
奏報暨福州当關欵捐征收數目恭摺具
奏伏乞
皇上聖鑒謹
奏。
咸豐九年十一月十二日奉
硃批：户部知道，片併發。欽此。
九月二十八日

八〇七　粵海關監督恒祺奏折

報告關稅收支數目

（咸豐九年九月二十八日）

同摺　恒祺跪

奏〇　再，恭查道光二十六年八月二十日奉

上諭：著該督撫等將所屬各海關該管官嗣後查照徵收錢

糧時，計一年稅數，照經撥徵納底銀兩數若、成數千

核定數目，奏交各省藩庫，以資籌備等因。欽此。欽遵

在案。茲咸豐九年分粵海大關徵收稅銀八十

一萬五千七百三十六兩二錢七分五釐，除米

利堅國稅鈔並來文行准其扣抵五分之一銀一

萬一千八百一十二兩五錢九分五釐，並陸續撥

解廣東軍需總局外，照例尚有應交藩庫正額

銅觔水腳及糧道衙門普濟堂公用等銀八萬

八〇七　粤海關監督恒祺奏折　報告關稅收支數目（咸豐九年九月二十八日）

三千五百六十四兩又通商經費約用銀七萬餘
兩均請循例開支俟奏銷時彙覈各口所徵數
目如有不敷請在下年補支找解所有九年分
尾數銀兩另款解部理合附片陳明謹
奏
咸豐九年十一月十五日奉
硃批覽欽此

八〇八　署理兩廣總督勞崇光奏折

粵海關仿照上海辦法由英人李泰國任税務司稽查走私（咸豐九年十一月二十八日）

錄〇

勞崇光片

再粵海關税務近年徵收未見起色固由夷務
未定亦由走私太多查粵海港汊紛歧人情刁
悍走私較各海口尤甚緝私較各海口倍難內
地人走私固已查緝維周而內地奸民與外國
商人勾串走私稽查稍懈則漏卮無窮偵緝太
嚴則衅端易啟辦理尤多掣肘臣到任後訪悉
情形與監督恒祺悉心籌畫惟有仿照上海辦
法用外國人治外國人語言通曉底蘊周知內
地奸民無從施其勾串於税務必有裨益亦不
至別挑衅端而以外國之人緝外國之私於稽

八〇八　署理兩廣總督勞崇光奏折

粤海關仿照上海辦法由英人李泰國任税務司稽查走私（咸豐九年十一月二十八日）

制復云所礙者由恒祺函致前署上海道吳健彰現署上海道吳煦訪詢辦法臣亦函致兩江督臣何桂清相商適何桂清以英吉利人李泰國在江海關幫辦有年甚有成效派充總稅務司委令周歷五口幫辦稅務亦責有何桂清印札並據帶上海章程來粵臣與恒祺接見其人與談稅務極為明白曉暢當即會同飭令查照上海章程於九月二十九日起試行開辦今試辦一個月期滿稅務已覺漸有轉機因念日後情形不同尚須將上海章程量為變通核定恒祺受卸在即俟新任監督毓清到任後會同籌商妥

八〇八　署理兩廣總督勞崇光奏折

粵海關仿照上海辦法由英人李泰國任稅務司稽查走私(咸豐九年十一月二十八日)

善自當更有起色惟奸商義長及在官人役以走私為
利者實繁有徒今忽奪其多年利藪使向肥私囊之
財一旦盡歸公帑必怨聲載道百計阻撓造作言語橫
生讒議而無識之官紳亦間有隨聲附和以為各被人愚
弄者殊不知上海行之數年著有成效並無流弊廣東
事同一律何以獨不可行惟有堅持定見會督妥慎辦理
期有裨
國計於萬一謹附片陳明伏乞
聖鑒謹
奏
咸豐九年十一月二十八日奉
硃批知道了欽此

八〇九　兩廣總督勞崇光奏折

美國船鈔已照新章開辦英法要求一體均沾(咸豐九年十二月十四日)

〇　再暎咈二國夷商之至粵東省見咪國船隻噸

節　鈔已照新章開辦，不勝豔羨，該酋到臣勞崇光

來佛英　衙門求見，懇求照辦。臣察咪國已經換約，該二國

三標均

易　尚未換約，豈能援以為例。該酋復稱從前應得

抄三分　本有一體均霑之請。

大皇帝覆載無私，必肯一視同仁，以此求援情具

奏等語。臣察其意甚堅，宜因而為順，合無仰懇

天恩准其一體照辦，以示羈縻。謹附片密陳，伏乞

聖鑒訓示。謹

奏

八〇九　兩廣總督勞崇光奏折

美國船鈔已照新章開辦英法要求一體均沾(咸豐九年十二月十四日)

咸豐九年十二月十四日奉

硃批：知道了。欽此

八一〇　河南道御使楊榮緒奏折

粤東匪徒在省城西關黄埔香山等地招買人口出洋請懲治（咸豐十年閏三月初二日）

丙申河南道御史楊榮緒奏臣聞粤東省城自夷人竄入
以來居民已不聊生近年更有一種匪徒拐擄良民販與
夷人男女被擄者以數萬計夷人於省城之西關番禺縣
屬之黄埔香山縣屬之澳門及虎門外之香港等處設厰
招買名為招中國人傭工實不知作何驅使每次買出外
洋皆滿載而去匪徒始猶暗用術誘近則明用强搶省城
附近一帶村落行人為之裹足民情恟懼異常聞該地方
官不特不禁止且出示聽人自賣於是匪徒益肆行無忌
公然糾衆日以擄人轉販為事此等惡風若不嚴行懲辦

八一〇　河南道御使楊榮緒奏折

粤東匪徒在省城西關黄埔香山等地招買人口出洋請懲治（咸豐十年閏三月初二日）

日甚一日。良民受害，固不堪言。而夷人多得内地民人為用，其患尤不可問。且恐將來不獨粤省為然，亟應早防其漸。夷人招買人口，全在匪徒從中轉販，地方官嚴禁内匪，其理甚正。夷人亦不至有詞。敬請
敕下該省督撫，速將略賣良民之匪徒盡法懲治。庶民害可以永除，而邊禁從此嚴肅矣。

八一一 廣東巡撫耆齡奉上諭

粤省匪徒拐掠良民販賣出洋著查明懲辦（咸豐十年閏三月初二日）

軍機大臣 字寄

廣東巡撫耆 咸豐十年閏三月初二日奉

上諭有人奏粵東省城近有匪徒拐擄良民販與夷人男女被擄者以數萬計夷人於省城之西關番禺縣屬之黄埔香山縣屬之澳門及虎門外之香港等處設廠招買每次買出外洋皆滿載而去該匪徒始猶暗用術誘近則明用强搶省城附近一帶村落行人爲之裹足地方官不特不爲禁止且出示聽人自賣各等語匪徒擄人轉販外夷例禁

八一一　廣東巡撫耆齡奉上諭

粵省匪徒拐掠良民販賣出洋著查明懲辦(咸豐十年閏三月初二日)

綦嚴該夷人招買人口若無內地匪徒貪利從中轉販豈能滿載出洋地方官果能嚴禁亦不至如此肆行無忌且以地方官懲辦本地匪徒與該夷毫無干涉夷人亦無從饒舌何以不行禁止反為出示聽其自賣著耆齡查明如有前項情弊即行嚴飭禁並從重懲辦以期匪徒斂跡內地良民不至為該夷所掠並查明出示聽賣之地方官從嚴參辦毋稍徇隱原摺著抄給閱看將此由五百里諭令知之欽此遵

旨寄信前來

八一二 廣東巡撫耆齡奉上諭著擬籌廣東軍餉宜體察情形妥為收放(咸豐十年閏三月初五日)

硃

軍機大臣 字寄
廣東巡撫耆 咸豐十年閏三月初五日奉
上諭户部奏籌擬廣東軍餉請飭新任巡撫妥為收
放一摺前據勞崇光以軍需緊急請撥粤海關税
銀三十萬兩當令户部覈議經該部以籌撥匪易
議駮兹據奏稱新任巡撫耆齡將可到粤如需餉
實屬緊要應提關税若干俟奏奉俞允後須加謹
存儲並利權須自我操應急籌轉移之法等語耆
齡前赴粤東之任曾經諭令於城省外地方擇要駐

八一二　廣東巡撫耆齡奉上諭著擬籌廣東軍餉宜體察情形妥為收放（咸豐十年閏三月初五日）

硃硃

禁不可遽入省城惟該省軍務未平防勦經費亦
應籌畫該撫到粵後著察看情形將應提關稅銀
若干兩接濟之處馳奏請旨即將（如必需不准先行動用）各股匪設法掃
除至該省地丁鹽關等項銀兩若仍解進省城恐
徒為夷人所攫應如何於城外妥擇善地數處分
別收存之處並著耆齡酌度辦理至商賈貨物未
可全運省城亦是思患豫防之見但只可密諭各
商將貨物逐漸運往他處以分其勢亦不可顯露
防患情形致彼生疑或別生枝節全在該撫細心

體察設法籌畫使商貨分散售銷而利權操之自
我方爲妥善户部原摺著抄給閱看將此由五百
里諭令知之欽此遵
旨寄信前來

八一二　廣東巡撫耆齡奉上諭著擬籌廣東軍餉宜體察情形妥爲收放(咸豐十年閏三月初五日)

八一三　内閣奉上諭　著廣東督撫飭催粤海關應交内務府銀兩解京（咸豐十年四月十五日）

咸豐十年四月十五日内閣奉

上諭内務府奏請飭催粤海關應交銀兩一摺粤海關每年應解内務府衙門銀三十萬兩自奏定分季批解後近今數年之久陸續解交者尚不足一年之額現據報解銀六萬餘兩亦並未聲明如何按季批解儻仍前拖欠勢必貽誤要需著該省督撫監督等遵照奏定章程自五年分起每年應交銀三十萬兩按四季於現徵關税内分季儘先撥銀七萬五千兩趕緊解京嗣後該監督如徵收已有成數一季未能解到即由該衙門奏參交部議處遲至兩季不能解到再行奏參嚴議經此次嚴定章程户部及該督撫等亦不得以應行起解之

八一三　内閣奉上諭　著廣東督撫飭催粤海關應交内務府銀兩解京（咸豐十年四月十五日）

款改撥截留如該督撫等不即時遴委妥員解京

及委員藉詞逗留該衙門亦即隨時奏叅至業已

起解因事折回之四年分銀六萬五千兩應如何

完繳之處著查明迅速籌解以清款項毋再延宕

餘依議欽此

八一四　廣東巡撫耆齡奏折

粤海關收支數目并籌辦省城夷務
（咸豐十年四月二十五日）

奏

耆齡　奏粤海關税銀數目等由

另摘抄夾片一件

五月十二日

廣東巡撫奴才耆齡跪

奏爲詳查粤海關税銀款目並省城夷務現辦事

宜情形恭摺

奏仰祈

聖鑒事竊奴才前於南雄州途次承准軍機大臣字寄

八一四　廣東巡撫耆齡奏折

粤海關收支數目并籌辦省城夷務
（咸豐十年四月二十五日）

咸豐十年閏三月初五日奉
上諭户部奏請撥廣東軍餉請飭新任巡撫妥為收
放一摺等因欽此 查 前在江西省城傳聞粵
海關稅務係仿照江海關办法用夷人代收，以為利藪，
開於人且為異日之患，隨經密為訪查，因道路遙遠，僅有所聞未
能詳悉。欽奉前因，復派妥員前往省城，向各銀號確切密訪，訪粵
海關所用夷人入城後，各國商人走私甚多，稅銀
短絀。僅據臣勞崇光與前任監督恒祺會商，由
上海雇嘆咭唎夷人李泰國來粵代收稅銀，於
咸豐九年九月底開辦，赴各洋船並洋行查貨，
均係夷人前往，本關書吏僅憑夷人口報稅銀

八一四 廣東巡撫耆齡奏折

粤海關收支數目并籌辦省城夷務

(咸豐十年四月二十五日)

數目較符有無以多報少情弊無從稽考現在
李泰國仍往上海交代夷人赫德接辦計自九
年八月二十六日起至本年閏三月二十五日
止共徵銀六十三萬六千五百餘兩內佛蘭西
夷人陸續提去銀三十三萬三千三百三十餘
兩米利堅夷人提去銀四萬兩均稱係作抵六
百萬撫夷經費又英咭唎佛蘭西二國共提去
搭築地基銀八萬八千三百兩以作搭築太平
門外沙面地方將來擬蓋洋樓之費又提去洋
銀一萬八千元為夷兵防城經費其餘夷人提
去銀四十七萬四千餘兩飭銀支銷通商經費

八一四　廣東巡撫耆齡奏折

粵海關收支數目并籌辦省城夷務
（咸豐十年四月二十五日）

並撥解軍餉等項，存庫銀兩無多。其各屬完解藩庫地丁等銀，均存儲佛山；鈔局、解捐、運庫逆款等銀，運庫鹽課銀兩，仍在省城，俱隨時撥入軍需項下動用，並未被夷擾及。臣伏查廣東省現值軍務未竣，每月需餉銀二十五六萬兩。其粵西、北江、南路糧餉七十餘萬，此外各營尚不在內，軍需最急，係實在情形。指撥已至再至三，民力漸疲，且多有數年尚欠請獎者，以致捐户觀望，此時勸辦亦難如前踴躍。惟釐金現亦排漏甚多，尚可設法擴充；如鹽茶釐稅最爲大宗，而辦理未能核實，恐惟有不避嫌怨，次第剔弊好圖

八一四 廣東巡撫耆齡奏折

粵海關收支數目并籌辦省城夷務
（咸豐十年四月二十五日）

不敢跡近操切亦不敢稍涉因循擅期不拂輿
情設法補苴萬一必須動撥關稅以資接濟之
處自當奏奉
俞旨再行動用至粵海關稅銀歷令夷人代收實有
太阿倒持之勢蓋粵東與上海不同上海夷人
均在城外且係該夷貿易所在既不敢遽動干
戈即不敢短少稅項而粵東則夷人既踞城内
關稅支征皆用書吏該夷垂涎一令該夷代征
無敢侵蝕之患蓋無論淨銀已有若干逐日索
取必盡其所有而後已既無以補還六百萬經
費而若他日照數又條別設名目以遂其攫取

八一四　廣東巡撫耆齡奏折
粤海關收支數目并籌辦省城夷務
(咸豐十年四月二十五日)

之計若仍將收回利權該夷必起而力爭轉滋
他虞舉正籌辦間適藩司周起濱因公來韶已
屬令回省與監督恆祺密商詢後關庫收到稅
銀無論多寡酌提十之五六解往佛山以濟近
支發軍需及撫局口糧並各另款存儲以備撥
解餘銀照前撥還該夷經費使其不致生疑如
能照此辦理雖不能內清其源亦可稍節其流
權通辦款及鹽課兩項亦令運存佛山以昭慎
重省城地方從前原為商賈聚集之所自該夷
踞城後多有遷徙佛山鎮者近來商賈貿易佛
山居十之六省城僅十之四畏夷人之逼也但

八一四 廣東巡撫耆齡奏折

粵海關收支數目并籌辦省城夷務
（咸豐十年四月二十五日）

佛山處西北江下游商賈輻湊人烟稠密而形勢散漫並無城郭時實慮西匪覬覦下竄居民鋪戶常有戒心因時擬藉防禦西匪為名於該鎮建築城垣礮臺置造礮械軍火守備民團人心日安在省商賈將不招而自至庶利權操之自我矣所需經費擬即就該鎮抽釐濟用以本地之財為本地保固之資在各人情所樂從現在密諭紳士委員一俟得人即行舉辦又現駐省城觀音山將軍衙署等處夷兵雖祇六百餘人香港尚有二千餘人省中旗綠各營軍火器械概被收去城上大礮或釘塞火門或擊斷兩耳礮

八一四　廣東巡撫耆齡奏折

粵海關收支數目并籌辦省城夷務

（咸豐十年四月二十五日）

臺打毀　去處沙面地基尚在填築已高出水面
六七尺　據聞須俟築高一丈再行蓋造洋樓沙
面係通為外邦晉省必由之路該夷意在以沙
面駐兵扼省城之吭以觀音山駐兵附省城之
背是使我守備全無倚靠其挾制把持之計去
年冬間又向督臣勞崇光以銀五百兩租九龍
之尖沙嘴地方現亦修蓋房屋查九龍與香港
對岸香港乃總海之區往來必須舟楫九龍對
新安縣屬境陸路四處可通其意圖蠶食內設
奸謀甚毒以臣愚昧之見此時戰守兩無可恃惟
當認真整頓營伍先清內匪以壯軍威力行團

八一四　廣東巡撫耆齡奏折

粵海關收支數目并籌辦省城夷務

（咸豐十年四月二十五日）

逮以國家志修築佛山城垣以收和权使該夷徒據省會堅城無所施其伎倆然後知據收復該夷因粵駐紮韶州不進省城固欲來韶相見如果前來粵當不動聲色妥為接論仍令回省貿易再該夷在粵者以新餘金購買騾草訪聞數載往天津幫草人於馬上用街頭陣以當礮火而以精銳繼進又以土填塞天津濠溝爛泥免致陷足後以千餘金收買寸許厚木板將載赴上海打造小船以備天津同時併進之用又有馬隊三四千內一千匹係向日本國借得亦均載往天津應請

八一四　廣東巡撫耆齡奏折

粵海關收支數目并籌辦省城夷務

（咸豐十年四月二十五日）

勅下僧格林沁款為準備所有訪查粵海關稅銀數

目并省城夷務現擬籌辦緣由謹恭摺密

奏伏乞

皇上聖鑒訓示謹

奏

咸豐十年四月十二日奉

硃批　欽此

四月廿五日

八一五　廣東巡撫耆齡奏折

洋人在廣東省城及澳門等地設館招工誘拐人口（咸豐十年四月二十五日）

耆齡片

再奴才承准軍機大臣字寄咸豐十年閏三月初二日奉

上諭有人奏粵東省城誘擄良民販與夷人行人為之稟呈地方官代為出示者所查明參辦將原摺著抄給閱看等因欽此欽遵委員確查去後茲據稟覆夷人在粵東利誘內地匪徒拐騙人口出洋名為買豬仔由來已久自咸豐七年夷人入城後風更盛然是時尚未設館係用計誘致至夷船一有成數即便揚帆而去約計良民被拐者不下萬口迨九年三月間經前撫臣柏貴及南海番禺二縣出示嚴禁臣勞崇光到任亦

八一五 廣東巡撫耆齡奏折 洋人在廣東省城及澳門等地設館招工誘拐人口（咸豐十年四月二十五日）

經示禁並拿獲拐匪正法是年十月間𠸄咭唎
佛蘭西呂宋三國夷人於省城太平門外之迪
隆里設館三所名曰招工公所擅稱招內地民
人往西印度基無拿古巴島等處種地刊刻章
程四處張貼頭五年仍准回籍並將勞
崇光准其設館招工照会一併刊刻貼於章程
之後佛蘭西夷人又請勞崇光出示曉諭各處
貧民有自願往該國工作謀生者親赴公所報
於委員會同領事官查議立約等語嗣𠸄咭唎館
招去華人七百二十餘口佛蘭西館招去華人
二百餘口呂宋館招去華人五百五十餘口多

八一五　廣東巡撫耆齡奏折

洋人在廣東省城及澳門等地設館招工誘拐人口（咸豐十年四月二十五日）

係壯丁開有歸孫跟隨者其香港之下環摺斷
龍兩露咈夷亦設有招工館澳門之紅窗門
三巴門人頭井水坑尾四處招工館係西洋及
呂宋各夷所設黃埔之長洲地方則俱係躉船
並未設館統計香港澳門黃埔約共招去五百
餘口本年二月該夷以天氣炎熱內地民人出
洋易於生病暫行停止候秋涼再招近聞咈夷
又於藩司衙門前新貼章程招雇挑夫有到地
打仗再加一元之語伏查西洋各國夷人從
前誆拐內地民人作何驅使固無從查詰而近
來被拐及招雇出洋者民間傳言該夷用藥水

八一五　廣東巡撫耆齡奏折

洋人在廣東省城及澳門等地設館招工誘拐人口(咸豐十年四月二十五日)

將其教唆即能鬚髮黃捲面目黧黑假冒英兵
壯勇殺戮以與我軍打仗惟其英則鼻高睛綠
假冒則不過塗飾雖不可知而近日該夷私雇
挑夫竟有打仗字樣傳言或非無因自應嚴禁
以杜奸謀除札飭南海番禺香山等縣暨弁兵
役及團局紳董隨時查拿禁止如有匪徒拐賣
人口出洋一經拿獲即行正法並不准愚民自
行赴館賣身違者從重懲辦儻該地方官查禁
不力如有即當指名嚴參外所有查明英人誘拐
人口並設館招工現飭查禁緣由理合附片覆
奏伏乞

八一五　廣東巡撫耆齡奏折

洋人在廣東省城及澳門等地設館招工誘拐人口(咸豐十年四月二十五日)

聖鑒謹

奏

咸豐十年四月十二日奉

四月二十五

硃批知道了欽此

八一六　英吉利和約專條（咸豐十年五月十四日）

暎咭唎和約專條
一前因粵城大憲辦理不善致暎民受損大暎
君主只得動兵取償保其將來守約勿失商虧
銀二百萬兩軍需經費二百萬兩二項
大清皇帝皆允由粵省督撫設措至應如何分期辦
法與大暎秉權大員酌定行辦以上款項付清
方將粵城仍交
大清國管屬
咈囒哂和約遺補

第四款中國官員固執不允大法國以理所請各賠補之處以致軍需繁多務必由廣東海關照數賠補其賠補銀與軍兵費用約二百萬兩之多應將此銀交大法國駐劄中國欽差大臣收入復回收單執照其二百萬兩分六次每年一次交清或用銀兩或用會單仍由廣東海關交清將來凡有本國完納出入貨稅各客商皆准量稅之多寡用銀入分會單一分完納其交銀首次從兩國

欽差大臣畫押章程之日起約一年之內交清廣東
海關於抽税時若欲每年准收會單其會單值
銀三十三萬三千三百三兩三錢四分之數即
六分一之一扣税亦無不可後在廣東中國大
憲會同大法國欽差派員豫行會議定立會單
圖式印章如何交收每會單值銀多少交清銀
兩之後如何注銷以免重複
第五款中國將上款所開銀數或用銀兩或用
海關會單一經交清大法國軍兵即時退出粤

省惟以軍兵及速退出之便中國欲將各會單
或先期按次分明年號交出在領事官署寄存
亦無不可

八一七　廣東巡撫耆齡奉上諭

著即查明法美等國在粵海關提取稅銀存記(咸豐十年五月十五日)

軍機大臣字寄

廣東巡撫耆　咸豐十年五月十五日奉

上諭昨據耆齡奏報粵海關稅數目内稱咈蘭西夷人陸續提去關稅銀三十三萬三千餘兩咪唎㗼夷人提去銀四萬兩均稱係作抵六百萬撫夷經費等語咪夷業經換給和約尚屬從權然咈夷在天津雖有二百萬兩之議現在並未換約且暎咈兩國提取填築地基銀八萬八千餘兩夷兵防城經費洋銀一萬八千元該督未經奏明何以准其

八一七 廣東巡撫耆齡奉上諭著即查明法美等國在粵海關提取稅銀存記(咸豐十年五月十五日)

提用著耆齡密派妥員進城面見勞崇光詢以各該夷已提銀兩是否即在和約内所定之六百萬兩數内必須詢明否則必為該夷所愚令該夷既已提用即將此款存記以備將來扣除務須嚴密辦理該夷購馬裝船北來復因外酋上年辦理未善囒嘛唫復邀噶囉士同來重理前説未必非自圖轉圜各夷商惟恐兵連禍結致妨貿易屢求伍崇曜等探問正可藉為轉機耆齡亦當密告勞崇光令伍崇曜等妥為開導告以署理欽差大臣薛

八一七　廣東巡撫耆齡奉上諭著即查明法美等國在粤海關提取税銀存記(咸豐十年五月十五日)

焕現在上海辦理五口通商事宜該夷如往上海將條約議定大皇帝必格外施恩不究上年之事自可永敦和好不至兵連禍結於衆商均有裨益儻該夷有在粤轉圜之意即著耆齡迅速馳奏將此由六百里密諭知之欽此遵
旨寄信前來

八一八 粵海關監督毓清奏折

報告關稅收支實數及福州等關征銀數目（咸豐十年六月十七日）

粵海關監督奴才毓清跪

奏為恭報關稅收支實數仰祈

聖鑒事竊照粵海關每年徵收關稅銀兩例將收支

實數分款造報查咸豐七年分關稅前監督恆

祺管理任内自六年九月二十六日起連閏至

七年八月二十五日止一年期内惟九月二十

六七兩日共徵銀七千三百八十三兩三錢六

分四釐適因英夷滋事礮火攻城内地各商俱

皆裹足不前停止貿易即於九月二十八日夷

稅停徵經前監督恆祺附片

奏明在案其咸豐六年分滿關時尚有夷船未經

八一八 粤海關監督毓清奏折 報告關税收支實數及福州等關征銀數目(咸豐十年六月十七日)

完納鈔銀者向歸下年續徵現在夷税雖經停徵仍應責令經手通事等補繳現已繳到夷船鈔銀四千八百一十三兩三錢五分合計咸豐七年分大關徵收九月二十六七兩日税銀七千三百八十三兩三錢六分四釐並補繳夷船鈔銀四千八百一十三兩三錢五分共銀一萬二千一百九十六兩七錢一分四釐至各口税數實因路途間有阻滯税冊未能依限到齊俟奏銷時再行彙總奏報以歸覈實等因前經奏明在案現據各口繳到冊報實共徵銀八萬八

千九百二十四兩九錢一分三釐大關各口二
共徵銀一十萬一千一百二十一兩六錢二分
七釐又借撥咸豐八年分税項銀一十二萬兩
通共銀二十二萬一千一百二十一兩六錢二
分七釐覈實照例造報查七年分徵收税銀内
除循例應支正額銀四萬兩銅觔水脚銀三千
五百六十四兩普濟院公用銀四萬兩又支銷
通關經費養廉工食及鎔銷折耗等銀五萬九
千九十三兩五錢八釐又循例動支報解水脚
銀一千八百一十七兩七錢九分四釐又部飯
食銀六百五十三兩二錢七分二釐又支解造

八一八　粤海關監督毓清奏折
報告關税收支實數及福州等關征銀數目(咸豐十年六月十七日)

辦處裁存備貢銀五萬五千兩又正雜盈餘平餘水脚造辦處備貢等十五兩加平共銀一千一百五十二兩二錢五分八釐又造辦處備貢二十五兩加平銀一千三百七十五兩實存應解户部關税銀一萬八千四百六十五兩七錢九分五釐又另存平餘銀一千五百三十三兩五錢八分一釐以上應存解户部關税並平餘水脚部飯食造辦處備貢連十五兩加平二十五兩加平共銀七萬九千九百九十七兩七錢查六年分原有不敷撥解共銀三十四萬四千七十七兩六錢六分九釐前於該年奏銷摺内

八一八　粤海關監督毓清奏折

報告關稅收支實數及福州等關征銀數目（咸豐十年六月十七日）

奏明請在下年稅銀內湊撥今七年分現存各款
銀七萬九千九百九十七兩七錢全數抵撥外
尚有不敷撥解銀二十六萬四千七十九兩九
錢六分九釐仍請再於下年分稅銀抵撥至遵
旨酌留尾銀解存藩庫一款並廣儲司公用銀一款本
年均無項可撥合併陳明再查七年分福州厦
門二關共徵銀五十萬七千一百七十二兩四
分二釐甯波關徵銀四千一百四十九兩三錢
七分五釐上海關徵銀二百七萬一千五百八
十二兩一錢一分九釐均准咨會到關遵照通
商章程歸入粤海關計算謹將徵收支銷各數

八一八　粵海關監督毓清奏折　報告關稅收支實數及福州等關征銀數目(咸豐十年六月十七日)

恭摺具
奏伏乞
皇上聖鑒謹
奏

戶部知道

咸豐十年六月　十七　日

八一九　粵海關監督毓清奏折

報告大關征收總數并福州廈門海關現報征收數目（咸豐十年八月二十六日）

粵海關監督臣毓清跪

奏為關稅一年期滿謹將大關徵收總數先行循
例具報仰祈
聖鑒事竊照粵海大關暨各口徵收正雜銀兩向例
一年期滿先將總數
奏明俟查覈支銷確數另行恭疏具
題分款造冊解部恭查粵海關原定正額銀四萬
兩銅觔水脚銀三千五百六十四兩又嘉慶四
年五月奉戶部劄行
欽定粵海關盈餘銀八十五萬五千五百兩欽遵辦理
各在案茲查咸豐十年分自九年八月二十六

八一九　粵海關監督毓清奏折

報告大關征收總數并福州厦門海關現報征收數目（咸豐十年八月二十六日）

日起連閏至十年七月二十五日關期報滿止
一年期内大關共徵銀九十九萬一千八百八
十八兩五錢三分三釐按照從前正額銅觔水
脚暨
欽定盈餘銀兩徵足外計多收銀九萬二千餘兩至各
口税數實因路途間有阻滯税冊未能依限到
齊業已分别飭催查辦所有各口徵收總數擬
請俟奏銷時再行棻總
奏報以歸覈實除將到關船隻貨物數目遵例列
冊送部覈對外再查道光二十三年更定通商
税務章程會

八一九　粤海關監督毓清奏折

報告大關征收總數并福州厦門海關現報征收數目（咸豐十年八月二十六日）

奏案内聲稱福州廈門甯波上海四處海關所徵
夷税統歸粤海關彙覈具
奏兹咸豐十年分上海甯波二關徵税若干均未
准咨會到關福州廈門二關自九年八月二十
六日起至十年二月二十五日止據報徵銀四
十五萬五千四百五十三兩八錢七分四釐以
後續徵之數亦未准咨會應俟各關將一年徵
收總數移會到日另行彙總覈算謹將粤海關
一年期滿大關徵收總數及各口税數未能一
併奏報暨福州等關現報徵收數目恭摺具
奏伏乞

八一九　粤海關監督毓清奏折
報告大關征收總數并福州厦門海關現報征收數目(咸豐十年八月二十六日)

皇上聖鑒謹
奏
户部知道
咸豐十年八月　　二十六　　日

八二〇　粵海關監督毓清奏折

報告撥解關稅數目

(咸豐十年八月二十六日)

毓清片

另抄

奉硃

再，恭查道光二十六年八月二十日奉

戶部上諭：嗣後該督撫、監督等，飭令各海關，於每年奏報徵

○收錢糧時，將一年稅數盡數具奏，因欽此。又咸豐十年

八月二十五日承准戶部札行：五月十二日奉

上諭：着勞崇訪查粵海關收稅數目、現撥若干情形

具奏等因，欽此，欽遵各在案。茲咸豐十年分粵海

大關徵收稅銀九十九萬一千八百八十八兩五錢三

分三厘，除遵奉文行交還英法兩國商餉銀兩

並補前撥解本省年需暨奉撥解京軍需

以及例解廣儲司公用銀兩外，照例尚有應交

藩庫平餘、銅斤水腳及糧道衙門並肅堂公

用等銀八萬二千五百六十四兩五角，通關經費

約核用銀七萬餘兩，均須循例開支，俟奏請

附案核各口所征數目與前月不敷請在下年
補支我稅所有十年分致絀之處數並請提關
稅十之五六良非現實無款可提理合附片
謹
奏
咸豐十年十一月初六日奉
硃批戶部知道欽此

八二一　恭親王奕訢奉上諭著發給英人李泰國執照令其督辦各口通商事務(咸豐十年十二月初六日)

軍機大臣　字寄
欽差大臣和碩恭親王奕　大學士桂　户部左侍
郎文　咸豐十年十二月初六日奉
上諭薛煥奏請飭奕訢等發給英人李泰國劄諭令
其幫辦各口通商事務等語新定通商税則既有
外國人幫辦税務一條該英人李泰國係總司税
務所有新設通商各口自可令其一體經理著奕
訢等即行發給執照交李泰國收執責令幫同各
口管理通商官員籌辦並著恭親王等咨行通商

八二一　恭親王奕訢奉上諭著發給英人李泰國執照令其督辦各口通商事務(咸豐十年十二月初六日)

各省將軍督撫府尹等一體查照其置買巡船等件及辛工經費亦著一併洛飭各口與李泰國會議妥辦毋任冒濫原片著鈔給閱看將此由五百里諭令知之欽此遵旨寄信前來

八二二　内閣奉上諭

著京師設立總理各國通商事務衙門(咸豐十年十二月初十日)

咸豐十年十二月初十日内閣奉
上諭恭親王等奏會議恭親王奕訢等奏辦理通商
善後章程一摺據稱恭親王奕訢等籌議各條均
係實在情形請照原議辦理等語京師設立總理
各國通商事務衙門著即派恭親王奕訢大學士
桂良户部左侍郎文祥管理並著禮部頒給欽命
總理各國通商事務關防應設司員即於内閣部
院軍機處各司員章京内滿漢各挑取八員輪班即作為定額毋庸再兼軍機處行走
辦事侍郎銜候補京堂崇厚著作為辦理三口通

八二二　内閣奉上諭

著京師設立總理各國通商事務衙門(咸豐十年十二月初十日)

硃

商大臣駐紮天津管理牛莊天津登州三口通商事務會同各該將軍督撫府尹辦理並頒給辦理三口通商大臣關防毋庸加欽差字樣其廣州福州廈門甯波上海及内江三口潮州瓊州臺灣淡水各口通商事務著署理欽差大臣江蘇巡撫薛煥辦理新立口岸除牛莊一口仍歸山海關監督經管外其餘登州各口著各該督撫會同崇厚薛煥派員管理所有各國照會及一切通商事宜隨時奏報並將原照會一併呈覽一面咨行禮部轉咨總理各國通商事務

八二二 内閣奉上諭

著京師設立總理各國通商事務衙門（咸豐十年十二月初十日）

衙門並著各該將軍督撫互相知照遇有交卸專

案移交後任其吉林黑龍江中外邊界事件並著

一面知照禮部轉咨總理衙門

該將軍等據實奏報按月知照總理各國通商事

務衙門不准稍有隱飾欽此

硃

八二三　總理衙門奉上諭

所請由廣東上海派識外語人等之事著悉心妥議(咸豐十年十二月初十日)

軍機大臣　密寄

欽命總理各國通商事務和碩恭親王奕　大學士

桂　户部左侍郎文　咸豐十年十二月初

十日奉

上諭本日據恵親王等奏會議恭親王奕訢等奏通商

善後章程一摺據稱恭親王奕訢等籌議各條按切

時勢均係實在情形請照原議辦理等語業經降

旨派恭親王奕訢大學士桂良户部左侍郎文祥

八二三　總理衙門奉上諭

所請由廣東上海派識外語人等之事著悉心妥議（咸豐十年十二月初十日）

總理各國通商事務並派崇厚為辦理三口通商
大臣其舊有五口及新增各口通商
事宜仍著薛煥辦理矣恭親王奕訢等單內所請
由廣東上海各派識解外國言語文字二人來京
差委及各海口內外商情各國新聞紙應由該各大
臣暨各該將軍督撫府尹按月咨報彙處咨報即由
總理衙門 由該王大臣飭知禮部由該部咨行可也 並知照禮部轉咨
該王大臣咨行各口照議辦理並准於八旗中挑人
學習外國語言文字知照俄羅斯館妥議章程

八二三　總理衙門奉上諭　所請由廣東上海派識外語人等之事著悉心妥議（咸豐十年十二月初十日）

認真督課如能熟習各國文字即奏請獎勵至各口洋稅現有扣款議定按稅扣歸二成立有會單又有夷人幫同司理稅務每月徵收若干自宜澈底澄清不致侵蝕中飽第將來扣款既清之後應如何妥議章程俾毋日久弊生著恭親王奕訢等再行悉心妥議以免弊混其餘未盡事宜並著隨時詳議具奏將此由五百里密諭知之欽此遵旨寄信前來

八二四　英國公使致總理衙門照會

恭賀總理衙門成立
（咸豐十一年正月初九日）

照錄英國照會

為照覆事接准貴親王咸豐十年十二月二十
七日来文内以奉
上諭京師設立總理各國事務衙門著即派恭親王
奕訢大學士桂良户部左侍郎文祥管理侍郎銜
候補京堂崇厚著辦理牛莊天津登州三口通商
事務其廣州福州廈門寧波上海及内江三口並
潮州瓊州臺灣淡水各口通商事務著署理欽差
大臣江蘇巡撫薛焕辦理等因欽此相應恭錄照
會查照等云本大臣恭閲之下因思中外各國
何以能保將来無不和好之道莫若各邦大臣

八二四　英國公使致總理衙門照會　恭賀總理衙門成立
（咸豐十一年正月初九日）

與中華大吏直達無關此次新立衙署足見貴
國亦有此意本大臣實深欣慰更悉貴親王仍
總其事尤切忻悅每念不日本大臣進京面晤
貴親王大臣各位稱賀
簡任之喜現值未到之先順問歲祺為此照覆須至
照會者

正月初九日

八二五 福建道監察御使許其光奏折

法人租占廣東藩司衙署民情不安請飭議和大臣另籌核辦(咸豐十一年三月二十三日)

御史許其光摺 奏臣藩署不便由

奏

三月二十六日

福建道監察御史臣許其光跪

奏為夷人僭居衙署於事勢不便與新約不符請

旨飭下撫局另籌核辦以安民情而守成約仰祈

聖鑒事竊臣籍隸粤東深知粤民與夷人素不相下

徒以和議在京定局粤人不敢有違非果能低

八二五　福建道監察御使許其光奏折

法人租占廣東藩司衙署民情不安請飭議和大臣另籌核辦(咸豐十一年三月二十三日)

首下心相為隱忍也前閲英法兩國和約有款
項交清即將粤城交回一條猶可少紓粤民之
望近聞該夷懇求借住廣東藩司衙署每年納
租銀三百之數殊堪詫異查新定條約竝無准
其占居衙署明文該夷格外要求即為背約之
漸將來必有甚於此者縱
聖恩寬大曲加允准其如民情之不甘何且為該夷
計亦適足以招粤民之釁而生無窮之患今日
民夷之所以能相安者因和議定於
朝廷
朝廷之號令足以行於百姓故百姓與夷相安耳

八二五　福建道監察御使許其光奏折

法人租占廣東藩司衙署民情不安請飭議和大臣另籌核辦（咸豐十一年三月二十三日）

藩司為一省長官而衙署為夷人所據則官之號令將不行於百姓官失其勢變亂易興臣恐不數年後粤中必有草澤之雄起而與該夷為難者在該夷今日多一鴟張即異日多一報復向日之十三行燬於粤人一炬前車可鑒况變本而加厲乎查廣東藩司署適居粤城之正中四面與民居鋪户毗連規模極其宏敞夷人前暫居將軍署尚未退出若再居藩署直與全據粤城無異將來即遵約交還粤城何異張儀誑楚以六里乎臣愚以為此事無論定與未定總宜設法轉圜礙難允准應請

八二五 福建道監察御使許其光奏折

法人租占廣東藩司衙署民情不安請飭議和大臣另籌核辦(咸豐十一年三月二十三日)

旨飭下撫局王大臣等另籌核辦務期輿情允協
國體不致過虧並與和約内交還粤城一節不相
背謬庶彼此久遠相安抑或請
旨飭令粤中督撫博訪紳民有無窒礙俟覆奏到日
再行定議不特
國家撫馭外洋示有限制亦足使該夷永守和約
共享無事之福也臣愚昧之見是否有當伏乞
皇上聖鑒訓示謹
奏

咸豐十一年三月 二十三 日

八二六　總理衙門奏折

遵查法國租住廣東藩署事宜

(咸豐十一年四月初二日)

恭親王等　遵覆許其先為法國租住廣東藩署由

奏〇

四月初四日

臣奕訢等跪

奏為據實覆奏

謹據實覆陳仰祈

聖鑒事：竊三月二十八日准軍機大臣字寄三月二十六日奉

上諭：前據奕訢等奏英法兩國換進照會候批款議

八二六　總理衙門奏折

遵查法國租住廣東藩署事宜

（咸豐十一年四月初二日）

楚先以粵東省城撤還等因欽此以昔懷遠之下仰見

皇上洞悉机宜欽佩難名以昔伏查租賃衙署原係

綸所未載法國求租亦不過本年春間哥

士耆來省謁見云既已和好與東粵撤兵即交還

英國亦願照辦惟該英住法國衙往鄰求租前

該國未遂其住以昔答以退出粵城諒貴國義

重但賃署衙字為新約所無并難允行等因

哥士耆執意求租以昔再三駁斥其尚未反覆相

向而哥士耆據云既不允租則此時撤款尚未清還需

省之事即可由英法兩國自行照辦以昔語以昔俟

八二六　總理衙門奏折

遵查法國租住廣東藩署事宜
（咸豐十一年四月初二日）

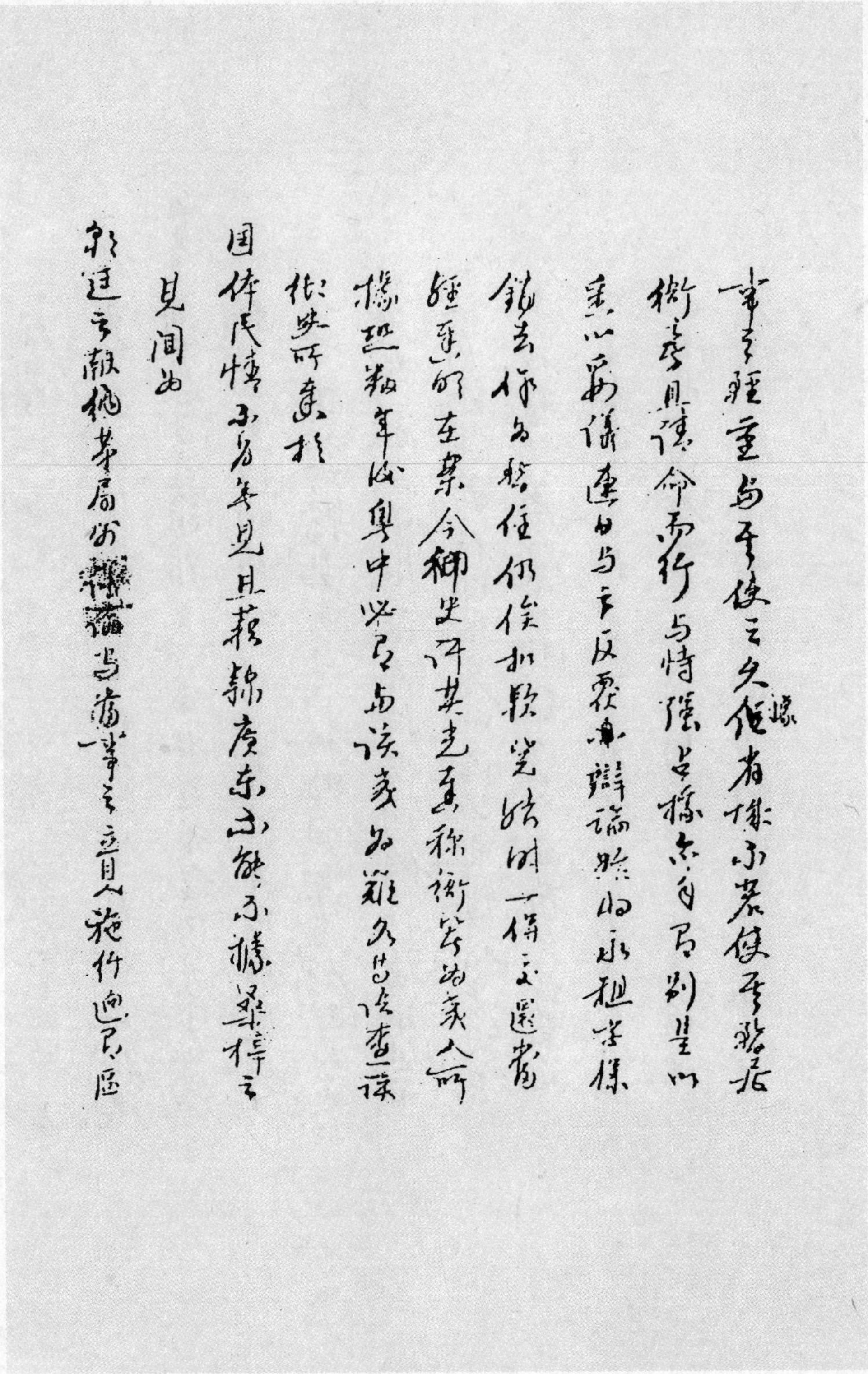

臣等經查西國使臣久住省城，不若使臣駐紮於
衙署具請命而行，與特照會據[illegible]自行劃出以
來，以安議處，由臣等反覆辯論，照舊永租，以保
[illegible]，仍為[illegible]任，仍俟和議定始行一併交還省
垣[illegible]在案。今御史許其光奏稱衙署為該夷所
據，想數年以來中外居民之談，笑為難，久[illegible]待查議。
似此所奏於
國體民情不為無見。且稽錦廣東不能不據[illegible]
見聞也。
於廷寄諭[illegible][illegible]等[illegible]與[illegible]等[illegible]

則此皆未必拘局之先見解亦大率熟思即為可
士者商與民事附以為轄於條約所稱其情亦未
嘗不早為計及惟以藩署為省垣相教似省垣
為重藩若不能設使不為租住而省城竟不交還
則省垣且不能與之較論何在藩署是以此皆謂
商至再將先將租地處尚未與人必為出難則
省垣數年以來民氣難受亦未見興兵構釁
情形至謂新定條約並無准其衙署以及文移
查取即為皆照之漸以將來亦難保其決無反覆狀
就其端倪詳密不得不臣先豫籌劃入之術為隨時補

八二六　總理衙門奏折
遵查法國租住廣東藩署事宜
（咸豐十一年四月初二日）

枚之权所称饬令粤中督抚博访绅民再行定议
以昔亦曾租到惟此等事件在知其底蕴者必
以为可行不谙情形者必为指已论而以为难允即
使飞咨议覆亦不过纷纷道谋于实在亦徒虚
無實際而徒滋
聖聽總不敢不先事所請似不若徑行允許較足以昭
信果而示大方况接應之人視為畏途以昔自去年
八月奉
命承理以來遇事委曲求全亦祇能救實之雖重不能
計彼之是非尚能守經而常之變制則何必行此

八二六　總理衙門奏折

遵查法國租住廣東藩署事宜
(咸豐十一年四月初二日)

而勤輸遠心伏讀
上諭若事屬碍難即可由廣東撫議日久從長計議之旨
不能見諒於局外之論者
聖明洞鑒之中尤為臣等欽佩感悚之至該衙門所奏應
請旨
著毋庸置議所有臣等遵旨商酌緣由理合繕摺覆陳伏
乞
皇上聖鑒謹
奏
咸豐十一年四月初四日奉

八二六　總理衙門奏折

遵查法國租住廣東藩署事宜
（咸豐十一年四月初二日）

硃批知道了欽此

四月初二日

八二七　兩廣總督勞崇光奉上諭

著查明廣東惠潮嘉道不令英人進城開辦通商（咸豐十一年五月初四日）

軍機大臣　字寄

兩廣總督勞　廣東巡撫耆　咸豐十一年五

月初四日奉

上諭奕訢等奏接收英國照會請飭酌辦一摺據稱

英國卜魯斯聲稱潮州府現在開辦通商兩廣總

督派同知一員在汕頭居住領事官欲往府城見

惠潮嘉道該道旋赴汕頭會晤不令進城求該大

臣奏請諭旨飭外省大吏謹守條約並遞到照會

及該領事官詳報大略一紙內有大官遠住祇有

八二七　兩廣總督勞崇光奉上諭著查明廣東惠潮嘉道不令英人進城開辦通商（咸豐十一年五月初四日）

小官可見且援條約内商民人等准持執照前往内地一條迄今未發執照不得進潮城之故實不因民情不順之語所稱汕頭地方是否即係通商之埠該道能否改駐通商地方及改駐後能否止其進城請飭廣東督撫妥議等語廣東潮州府開辦通商自當按照條約辦理惠潮嘉道不令進城果因民情不順該國亦無可藉口惟據稱凡有出口之貨到汕頭而隨道鉅納其費外商得進内地親自販運則地方官無從取利如有此等情弊是

八二七　兩廣總督勞崇光奉上諭

著查明廣東惠潮嘉道不令英人進城開辦通商（咸豐十一年五月初四日）

該道藉詞阻止從中漁利即應密查參奏以折服該領事之心既准該國商人前往内地豈能阻其進城何以不發給執照勞崇光等務當按照條約辦理方不至别生枝節至惠潮嘉道辦理通商是其專責應否改駐通商地方以便稽查改駐之後能否止其進城之處即著勞崇光者酌斟地方情形妥議具奏毋得為屬員朦混致滋事端將此由六百里諭令知之欽此遵

旨寄信前來

八二八　總理衙門奏折

通商事務當諭酌辦

（咸豐十一年五月初十日）

奕訢等摺奏廷寄敬抒下忱

奏〇

五月十二日

臣奕訢等跪

奏爲摺奏

寄諭敬陳感悚下忱恭摺奏祈

聖鑒事竊臣等前因廣東潮州開辦通商請

八二八 總理衙門奏折

通商事務當諭酌辦

（咸豐十一年五月初十日）

飭下廣東督撫酌量辦理一摺於五月初六日接准

軍機大臣字寄咸豐十一年五月初四日奉

上諭本日據恭親王奕訢等奏卜魯斯聲稱廣東

潮州府城開辦通商等因欽此仰見

皇上委任不疑畀臣等以事權疏通之餘彌深悚懼

伏思臣等自上年八月辦理撫務以來當其事

變猝來不能不從權辦理即如言事六等從寬

議迨至大局有定而局外者未免謠諑紛來近

來人情好為事後議論往往如此顯委曲之隱

固不必求諒於人言而專擅之譏則不敢不豫

八二八　總理衙門奏折

通商事務當諭酌辦

(咸豐十一年五月初十日)

附於衆口等事
訓示周詳並覺感悚等地方設應行事宜自應遵
旨由臣衙門通飭照辦或有緊要事件即一面奏
聞一面由臣衙門分别酌量辦理臣等斷不敢稍形
諉卸至有貽誤之處所有臣等接奉
諭旨隨時酌量辦理緣由謹繕摺具奏伏乞
皇上聖鑒謹
奏
咸豐十一年五月十二日奉
硃批照所議行欽此

初十日

八二九 總理衙門奉上諭著悉心酌擬新開各口關稅章程（咸豐十一年五月十二日）

軍機大臣 字寄
欽命總理各國事務和碩恭親王奕 大學士桂
户部左侍郎文 咸豐十一年五月十二日奉
上諭恭親王奕訢等奏各口關稅現當開辦之初總
理稅務司赫德來京所議章程頭緒紛繁實難
洞悉流弊請飭户部會商辦理等語現在辦理各
口關稅事屬創始奕訢等未能洞悉流弊自係實
在情形惟此次各口設立新關與外國交涉設一
切章程未能妥協徒滋爭論且各口情形不同恐

八二九　總理衙門奉上諭著悉心酌擬新開各口關稅章程（咸豐十一年五月十二日）

户部不能懸定所有各口關稅章程仍著奕訢等
悉心酌擬具奏並咨令辦理各口通商大臣各就
地方情形妥為籌議務各破除情面力洗積習以免
外國商人有所藉口將此諭令知之欽此遵
旨寄信前來

奕等片

再赫德所遞清單七件章程二件臣等詳加查閱大抵為各關現當開辦新章必須覈定章程以期稅課日增之意其單內所開各款半皆係現在應行之事日昨據赫德來公所謁見時曾逐層講論今所遞各單雖未必盡屬可行但其言尚不無可採謹將清單及章程內所陳各節宜分別加簽恭候

欽定

一長江一帶通商一款據單內稱起貨下貨均在上海繳納稅餉其鎮江以上漢口以下準商人任便起貨下貨鎮江以上即作為上海內口無庸設立關卡如此辦理於

稅務不致偷漏減少等情臣等查長江一帶賊匪出沒
無常若該商查私實難設船查緝因宜於總
處納交以免偷漏並設令在上海繳納稅餉非其任便
起卸貨物不無漫無限制仍應由江蘇巡撫薛煥斟
酌地方情形妥設委員辦理
一外國船載運土貨往來一款據單內稱洋船載土貨
出口則中國無隙征第二次稅若復進別口輸納子口
稅彼無所不公平等語臣等查復進口之內地貨係約
稅則內原無作何辦理明文而洋商照運內地貨由此口
運進彼口亦無禁止此條是以與赫德辯論時原欲

稅課攸重即可免兼顧影射及洋商貪入內地之
弊有赫德所議從加一倍進口之子口稅而又免子口稅
外逢關納稅之議所以照會英使一國擬令內地貨
後進口時完一正稅准加二成若完一半正稅不加二
成完清之後仍逢關納稅此後未知能否如議應俟
照覆到日再行覈辦
一子口稅一款據各內地欲征收子口稅須擇一緊要處所
設立關卡等語臣等查此條專指洋貨進口土貨出口
而言如土貨出口後進口可比自應在緊要處所設卡
征收土貨出口以過卡准照為憑洋貨進口以入卡准照
為憑擬期請旨進口出口貨物完一正稅即納一子稅

八三〇　總理衙門奏折　籌議赫德所擬長江廣東等處通商關稅辦法章程（咸豐十一年五月三十日）

辦法不厭周詳，庶稅課可期充裕。此項子稅既為條約中應行之事，且係內地稅，可以不扣二成，應令南北通商大臣妥籌辦理。

一、洋藥各情形一款。據單內稱洋藥抵中國者每年約有七萬箱，稅則太重，即令人隱匿偷漏稅規者亦復不少。征法一係進口時征一次重稅，即每箱六十兩完稅後准其分運，而不另征別稅；一係進口時按則征收洋稅三十兩，再征釐稅十五兩，准其通商之本府所屬境內不再重征，俟出本府之境，聽地方官隨時設法辦理等語。以第查洋藥為洋貨之大宗，稅則內著征收進口洋稅三十兩，俟一經離口，任憑中國辦理之語

況前據威妥瑪呈稱上海設局抽釐進口稅銀三十
兩外又另征銀五十兩與條約所定相謬太為商民
不便等情經臣等行查江蘇巡撫去後旋據咨覆
洋藥進口每箱征洋稅三十兩售與內地商人征釐稅
二十兩厘捐二十兩是征之洋商者僅止三十兩其餘
五十兩皆征之華商與洋商無涉等語是臣等前
與赫德議及擬以由中國征齊征稅為是而赫德
堅則謂洋藥稅未可太重上海現在辦法並無
起色如照該稅司加法征洋商稅銀三十兩總
華商稅銀十五兩猶恐不甚妥協是以到處
統共雖有七萬箱而每年內祇以六萬箱計算並照

內地無庸另征稅銀三十兩厘捐二十兩更屬有
名無實走漏愈多將來偷私弊端恐所難免
若不以每百斤僅征四十五兩之為於稅務大
有關礙臣等與之反覆辯論赫德則按價收稅
愈重則走漏愈甚若藥稅稍減則私藥之稅
雖輕而領稅之藥必能所言雖屬有理但臣等
以其係原設之人是以請由原設議另行無設至
通商口作洋藥出境或令請領當手執
牌或令寄明請領印票執照分節繳稅於洋稅
三十兩藥稅十五兩無違另請暫帶辦之處應
由南北通商大臣斟酌情形妥議辦理

八三〇 總理衙門奏折

籌議赫德所擬長江廣東等處通商關稅辦法章程（咸豐十一年五月三十日）

一照約一款，接第內稱：廣東私鹽與私貨同路進入廣，設巡船禁止，緣越者私，粤海関監督並廣東鹽運司會合辦，庶氣於廣省亦無所施其詭計，每歲多出十餘萬兩經費而

國課可增至十餘萬等語。臣查廣東鹽運司衙粤海関向有例設巡船，向係各員各設，並無會同緝私之舉，且甚至縱私亦所難免。今若齊力合作，一同巡查，使奸商不得走私，自

國課日見增加。但今日出款，巡緝事屬創始，其中有無窒礙，難以懸斷，應由廣東督撫會同鹽運司、粤海関監督妥速核議，咨令遵辦理

一 通商各口每年應收洋稅銀兩一款據單內稱每年各口洋稅通共一千零七十八萬兩但此係賊匪滋擾較甚則貨物稀於銷售稅銀自不及此數如各省均已平靖則稅銀自必有增多語臣等詢之赫德據云此現在約略計算中外均所未悉也辦事而收稅之法又熟知加重不知防弊如照伊所議則千萬兩之數似不難以辦無此究係赫德一面之詞未敢遽信至所開稅項船鈔章程下寫詢據云船鈔不過十分之一二等應令赫德按每三月將所收各稅鈔逐款分晰

八三〇　總理衙門奏折

籌議赫德所擬長江廣東等處通商關稅辦法章程(咸豐十一年五月三十日)

開單呈報總理衙門以憑查核至單内所稱不
發免稅單改發存票俟經將來有變等語查
向赫德詢據云若改發存票而該商竟將貨
物到各關零星售賣則既不能徵收稅又不收
載貨進口不得免徵實不與稅則有礙其意似
亦近理至免單一項只為前款免出口復進稅已
而該貨改運別口銷售者亦不能停止免單
其稅已經在某口繳納則別口即使此口已經動用亦
將款目標明作為別口稅課以免日後彼此推
天津洋稅係撥作京餉使用所有代收過之
津關稅銀將代收之項除扣二成外仍歸該

八三〇　總理衙門奏折　籌議赫德所擬長江廣東等處通商關稅辦法章程（咸豐十一年五月三十日）

准京師勞經奏請奏案現與赫德議定徑照
納例者先從本年即擬照前奏辦理其洋商照
內地貨今已議令於貨進口之時照舊納稅同
長江者俟免稅本年以後一律照現擬分別知照通商
各口照議辦理
一通商各口海關經費用一款標本海關每年通共
銀三十萬兩零日昨詢之赫德據云各口稅
務司責任甚重一切費用不可減少若照所
用之人若為擇商所需專得日益開除冗費
泰國在上海充當總稅務司每年費用甚鉅
而所徵之稅僅足今昔每年總稅果能覈

八三〇　總理衙門奏折

籌議赫德所擬長江廣東等處通商關税辦法章程（咸豐十一年五月三十日）

與隨口免口税務司均能應辦楚請飭同九海關認
真經理自應照議辦以酬其勞唯年四百
萬免徵入為數甚多及應給領數是否均應允
協應令南北通商大臣妥議章程會商核辦
一另至潮州一款據奏內稱廣東潮州設有關
稽抽釐總局另有人包攬納銀五千兩作爲商
在關上完納正税者僅以其由廣東省設局應爲
部中並有案可稽者經臣查戶部據廣
東三水高要南海三縣自咸豐八年四七十兩
設廠開箱起均至九年十二月止共收銀五十一

茶三千餘兩茶項厘捐內有在漢茶厘金未
由在長沙李撫已由部駁令該省詳細造報等語
惟所收抽厘與關稅有礙是否實然其應由廣
東督撫據實查覆係由原議諸臣另行議奏

一另粵海關茶葉稅餉一款據單內稱私到澳
門漏稅之茶葉日見其多而海關稅只輕少
此茶兩再茶葉每百斤稅銀二兩五錢抽厘尚只
徵五錢可任商繞越查紅茶商人各二兩七
和在口岸到關納稅者經以香口定厘新據設
茶項厘捐內有在長茶葉厘捐在長沙李撫已由
部駁令該省詳細造報至茶葉抽厘是

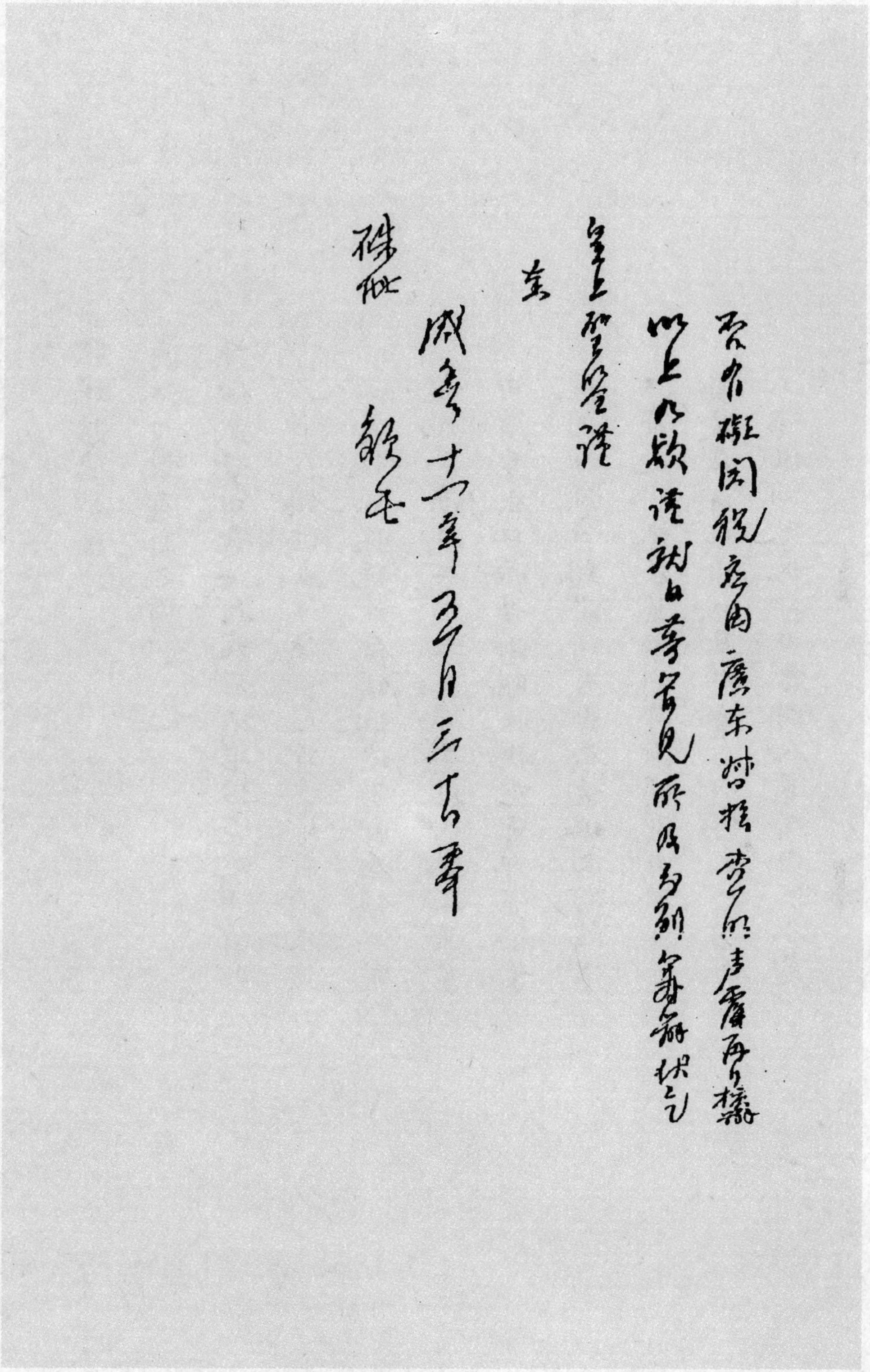
貨亦擬開税廠由廣東督撫查照章程再行核議
以上八款謹就目前管見所及分别籌辦伏乞
皇上聖鑒謹
奏
咸豐十一年五月三十日奉
硃批 欽此

八三〇 總理衙門奏折 籌議赫德所擬長江廣東等處通商關税辦法章程(咸豐十一年五月三十日)

八三一　海關總稅務司赫德稟文

關於長江一帶通商之論

（咸豐十一年五月三十日）

照錄赫德原稟

長江一帶通商之論

洋船載貨由長江行走者不准沿途起下貨物只准在鎮江九江漢口起貨下貨自須在該三處設關收稅若在鎮江起下即在鎮江完稅九江漢口二處亦一律辦理向來茶葉多由廣東出口而粤海關收稅重貨即係茶葉現因在漢口開港所有出茶葉地面均離漢口甚近將來茶葉不到粤海關即由漢口置買裝載洋船出口且洋貨入內地大半均由上海進口完稅即由中國人運至內地各處

八三一 海關總稅務司赫德稟文
關於長江一帶通商之論
(咸豐十一年五月三十日)

惟因鎮江九江漢口開港將來洋船載洋貨
不至上海直至各港口賣銷惟鎮江以上巡
查緝私防堵偷漏甚難因鎮江至九江九江
至漢口各有數百餘里兩岸均有村莊賣買
該商已過鎮江不至九江已過九江不至漢
口在中途隨意可以起下貨物無人稽查無
關收稅儻有船在沿途起貨下貨中國應照
例拏辦但在鎮江以上無人稽查奸商即能
隨意走私如有人稽查及巡船緝私因中國
風篷船隻趕不上有意走私火船恐難禁止
緝拏當中國安靜時長江一帶防堵走私已

八三一 海關總稅務司赫德稟文 關於長江一帶通商之論（咸豐十一年五月三十日）

屬不易況現在各處賊匪滋擾更不能設船查拏不但新設三關徒糜經費無稅可收而粵海出口稅上海進口稅亦日見其少再若指明在該三處只准通商外國官員即應與該三處有權力之人酌定章程以保護本國之人現在該三處就近有權力之人即係賊匪名稱太平天國若外國官員與伊等酌定章程是亦以官員相待則伊等更覺氣高膽大而蔓延之勢更難了結若照暫定章程在上海征納稅餉旋在鎮江以上漢口以下准商任便起貨下貨鎮江以上即作為上海內

口無庸設虚立之關如此辦理一面於税務不致偷漏減少一面可免待賊如官之關係以上兩般辦法若照新設三關征收税餉則經費虚糜而奸商易於偷漏實於中國税餉大有礙若照暫定章程辦理實於中國有益而無損儻有洋船載運貨物前往長江該船先須在上海請領入長江准照該貨也須照則例完納正税並子口税即一個半税方准開船入江儻有船在鎮江以上裝載土貨販運回上海於過鎮江時由該處關口派差押送至上海抵上海該貨即應照則例完清正

稅方准上岸如該商復將此貨載運出口則
應完納子口稅方准下船出口儻有商人將
至上海之貨復運入內地亦應在未過關卡
之先完納子口稅方准過卡如此辦理於
國課大有益處而商情無損總而言之所不能
行之章程雖然與條約相符可無庸議定而
且此次開長江做買賣不過暫定章程將來
如實在有礙處自可隨時商酌更改
再令其在三口完稅即係叫該商在中路圖計
起貨走私令其先在上海完稅即該商因稅
餉已完無庸在中路想法起下貨物在中路

起下貨物非出自中路有大買賣之故出在
該商欲漏此三口稅餉之故若在該三口設
關徵稅商人以利為心一定想法不到關而
起貨若該三處無關徵稅該商人因此三處
原係有大買賣之區必願將貨物運至該三
處售賣而不願在沿途有小買賣處起卸所
欲禁止之事即係在沿途起貨下貨若照暫
定章程在上海完納稅餉而不提鎮江以上
各口則不必禁止而自無沿途起卸之弊若
改暫定章程指明令其在該三口通商雖欲
禁止沿途起卸而實生沿途起卸之弊

八三二 海關總税務司赫德稟文 關於外國船載運土貨往來之論
（咸豐十一年五月三十日）

照錄赫德原稟

外國船載運土貨往來之論

内地船載貨出口即應完出口之税復載貨入口應完入口之税沿途經過各關則一關有一關之税雖如此多款而所納税銀比載洋船一次税餉較少即如在未通商以前湖絲由内地至廣東應完三關之税計銀每百觔三兩餘俟通商之時湖絲載在洋船每百觔應完税銀十兩較比於内地販運之税多至二倍如有外國船隻載運土貨出口完納出口税銀則可前往不論何國而中國均無別

税如由廣東出口之貨運至上海入口該貨
已在廣東完納出口税餉而上海不征進口
税亦與運往外國相同於中國無損如有洋
船載土貨請領紅單出口後則中國欲征税
餉業經算清若該船前往外國則中國無從
征第二次税該船若復進中國别口中國既
已於出口時算清税銀准該貨隨意運往何
處又何用復征第二次之税况且該出口税
比内地船進口出口兩次税較多不征第二
次税而無所虧何用重征如土貨復入内地
照内地税則輸餉則所征之税總數比較新

八三二　海關總税務司赫德稟文
關於外國船載運土貨往來之論
(咸豐十一年五月三十日)

定税則所征之數或多或少或相等如比新定税則之數或少或相等即無庸更改新章而於税餉有益如較多則所輸税銀亦須攤於各貨内售賣與中國則是中國所産之物在外國購買較中國自行購買翻得便宜斷無此理再照新定章程辦理土貨在未完出口税之先應納子口税即出口税一半即如湖絲在抵上海關卡之時應納税銀每百觔五兩方准過卡俟有商人欲載出口則應完納出口税銀每百觔十兩方准下船出口如此完清十五兩之税該貨可以無論運往何

八三二　海關總税務司赫德稟文

關於外國船載運土貨往來之論
（咸豐十一年五月三十日）

處而中國不問如到外國中國自無第二次之稅如到廣東亦應免征進口稅但該貨因在廣東銷賣於進口時輸納子口稅似無所不公平洋船載運土貨不往外國復入内地者均應同例辦理或有人言如此免稅則中國各關稅務有虧然統計大局有盈無絀即薄稅斂以裕

國課之一道也如言土貨照内地則例完稅比照新定則例較多則在部内可查各省往年報内地稅多寡且洋船販運内地貨比中國船販運内地貨較少千百倍所以通商之後

八三二 海關總税務司赫德稟文 關於外國船載運土貨往來之論(咸豐十一年五月三十日)

海邊各省所報部之内地税應與洋船所報出口税較大是否總而言之欲定一妥善章程必須統籌全局不可專計各小口之損益譬如走路之人只看目前路徑而不望遠者雖可免顛越難保不遭惡虎毒蛇之撲齧再外國各船隻所載之貨不論洋貨土貨或新進口或復進口或新出口或復出口只有一例可行須照互换之和約並新定税則徵税辦理

八三三　海關𢡟税務司赫德稟文　關於鹽餉之論（咸豐十一年五月三十日）

照錄赫德原稟

鹽餉

廣東一年鹽餉可徵一百餘萬兩但近來因有奸商走私官船係私大約有一半漏税裝私鹽船隻非但裝鹽另運有應在海關納税之物件兹私鹽並私貨同路進入廣東内河設有一法可免二弊該路有三大門六小門大者係虎門磨刀門坭子塔雙門小者在大門之左右大小各門應設巡船即足禁止繞越走私惟經費從何而出粤海監督並廣東鹽運司應會同合辦稽查即一面與海關税

八三三　海關總稅務司赫德稟文　關於鹽餉之論（咸豐十一年五月三十日）

並鹽餉均有益處一面與地方亦有所裨如有人走私而不畏法旋有人不畏法而造反倘官員能行法而不准走私即不但與官面好看亦可短少作亂之機茲部中應行文海關會同鹽運司辦理則該二員和衷商確設法既易周詳而兩署人役一同巡查聲氣相應奸商即無所施其詭計現在粵海關洋藥漏稅一年約有五十萬兩另有別貨而監督一員之榷不足禁止私鹽之稅一年不見約三十萬兩之數而鹽運司一員之榷亦不能偏為稽查該二員會同辦理每缺各出十餘萬經

費而
國課一年可增五十餘萬

照錄赫德原稟

通商各口征税費用開後

一廣州府

税務司一員每年薪俸銀六千兩

幫辦寫字 二名每名每年銀二千四百兩 四名每名每年銀一千八百兩 共一萬二千兩

仟子手 三名每名每年銀一千五百兩 八名每名每年銀一千零八十兩 三十名每名每年銀八百四十兩 共三萬八千三百四十兩

通事 一名每年銀一千四百四十兩 一名每年銀一千二百兩 三名每名每年銀八百四十兩 共五千一百六十兩

書辦 六名每名每年銀六百兩 四名每名每年銀三百六十兩 共五千零四十兩

差役十五名每名每年銀七十二兩共一千零八十兩

水手三十名每名每年銀七十二兩共二千一百六十兩

紙筆雜用每月銀五百兩一年共六千兩

火輪船一隻巡船三隻每月銀三千兩一年共三萬六千兩

共十一萬一千七百八十兩 即每月九千三百十五兩

一潮州府

副税務司一員每年薪俸銀三千六百兩

幫辦寫字一名每年銀一千八百兩

仵子手 一名每年銀一千二百兩 七名每名每年銀八百四十兩 共七千零八十兩

通事 一名每年銀一千二百兩 一名每年銀六百兩 共一千八百兩

書辦四名每名每年銀六百兩共二千四百兩

差役十名每名每年銀七十二兩共七百二十兩

水手十六名每名每年銀七十二兩共一千一百五十二兩

紙筆雜用每月銀二百兩一年共二千四百兩

八三四　海關總稅務司赫德稟文　通商各口征稅清單（咸豐十一年五月三十日）

共二萬零九百五十二兩即每月一千七百四十六兩

一廈門

副稅務司一員每年薪俸銀三千六百兩

幫辦寫字二名每名每年銀一千八百兩共三千六百兩

扦子手二名每名每年銀一千二百兩　十名每名每年銀八百四十兩共一萬零八百兩

通事一名每年銀一千二百兩　一名每年銀九百六十兩　一名每年銀八百四十兩共三千兩

書辦六名每名每年銀四百八十兩共二千八百兩

差役十五名每名每年銀七十二兩共一千零八十兩

水手二十名每名每年銀七十二兩共一千四百四十兩

紙筆雜用每月銀三百兩一年共三千六百兩

共二萬九千九百二十兩即每月二千四百九十三兩三錢三分三釐

八三四　海關總稅務司赫德稟文（咸豐十一年五月三十日）
通商各口征稅清單

一福州府
稅務司一員一年薪俸銀六千兩
幫辦寫字一名每年銀二千四百兩 三名每名每年銀一千八百兩共七千六百兩
什子手二名每名每年銀一千二百兩 四名每名每年銀九百六十兩 十名每名每年銀八百四十兩共一萬四千六百四十兩
通事一名每年銀一千二百兩 一名每年銀一千零八十兩 一名每年銀八百四十兩 一名每年銀七百二十兩共三千八百四十兩
書辦八名每名每年銀四百八十兩共三千八百四十兩
差役十五名每名每年銀七十二兩共一千零八十兩
水手二十名每名每年銀七十二兩共一千四百四十兩
紙筆雜用每月銀四百兩一年共四千八百兩
共四萬三千二百四十兩即每月三千六百零三兩三錢三分三厘

一甯波府

八三四　海關總税務司赫德稟文

通商各口征税清單
（咸豐十一年五月三十日）

副税務司一員一年薪俸銀三千六百兩

幫辦寫字（一名每年銀二千四百兩，一名每年銀一千八百兩）共四千二百兩

仟子手（一名每年銀一千二百兩，二名每名每年銀九百六十兩，六名每名每年銀八百四十兩）共八千一百六十兩

通事（一名每年銀一千二百兩，一名每年銀六百兩）共一千八百兩

書辦四名每名每年銀四百八十兩共一千九百二十兩

差役十五名每名每年銀七十二兩共一千零八十兩

水手二十名每名每年銀七十二兩共一千四百四十兩

紙筆雜用銀每月二百兩一年共二千四百兩

共二萬四千六百兩（即每月二千零五十兩）

一上海

税務司一員一年薪俸銀六千兩

副税務司一員一年薪俸銀四千八百兩

幫辦寫字（一名每年銀三千兩　二名每名每年銀二千四百兩　五名每名每年銀一千八百兩）共一萬六千八百兩

仟子手（一名每年銀三千兩　二名每名每年銀一千二百兩　十名每名每年銀八百四十兩）共一萬三千八百兩

通事六名一年共銀六千兩

書辦十名一年共銀六千兩

差役十五名每名每年銀七十二兩共一千零八十兩

水手二十名每名每年銀七十二兩共一千四百四十兩

紙筆雜用每月銀一千兩一年共銀一萬二千兩

共六萬七千九百二十兩（即每月五千六百六十兩）

一鎮江

副税務司一員一年薪俸銀三千六百兩

八三四　海關總稅務司赫德稟文（咸豐十一年五月三十日）通商各口征稅清單

幫辦寫字一名每年銀一千八百兩
仟子手十餘名每年共銀一萬二千兩
通事（一名每年銀一千二百兩 一名每年銀六百兩）共一千八百兩
書辦（一名每年銀三百六十兩 一名每年銀二百四十兩）共六百兩
差役十五名每名每年銀七十二兩共一千零八十兩
水手二十名每名每年銀七十二兩共一千四百四十兩
紙筆雜用每月銀二百五十兩一年共三千兩
共二萬五千三百二十兩（即每月二千一百十兩）

一天津
税務司一員一年薪俸銀六千兩
幫辦寫字一名每年銀一千八百兩

仵子手一名每年銀一千八百兩 三名每名每年銀九百六十兩 三名每名每年銀八百四十兩 共七千二百兩

通事一名每年銀一千二百兩 一名每年銀六百兩 共一千八百兩

書辦八名一年共銀二千八百八十兩

差役十五名每名每年銀七十二兩共一千零八十兩

水手二十名每名每年銀七十二兩共一千四百四十兩

紙筆雜用每月銀二百五十兩一年共三千兩

共二萬五千二百兩即每月二千一百兩

一登州府

副税務司一員一年薪俸銀三千六百兩

幫辦寫字一名每年銀一千八百兩

仵子手一名每年銀一千二百兩 五名每名每年銀八百四十兩 共五千四百兩

八三四　海關總税務司赫德稟文

通商各口征税清單

（咸豐十一年五月三十日）

通事一名每年銀一千二百兩 一名每年銀六百兩 共一千八百兩
書辦四名每名每年銀四百八十兩共一千九百二十兩
差役十名每名每年銀七十二兩共七百二十兩
水手二十名每名每年銀七十二兩共一千四百四十兩
紙筆雜用每月銀一百五十兩一年共一千八百兩
共一萬八千四百八十兩 即每月一千五百四十兩

一牛莊
一臺灣　共每年約銀七萬二千兩
一瓊州
一火輪船三隻巡船幾隻租銀每年十萬兩
一房屋租銀每年一萬兩

八三四　海關總税務司赫德稟文　通商各口征税清單
（咸豐十一年五月三十日）

一總理各口費用
總税務司一員每年薪俸銀一萬二千兩
委員每年銀九千兩
幫辦寫字一名每年銀二千四百兩
中國寫字先生三名每年共銀一千八百兩
差役十名每年共銀七百二十兩
共二萬五千九百二十兩
通共銀五十七萬五千三百三十二兩 即每月四萬七千九百四十四兩三錢三分三厘

八三五　海關總税務司赫德稟文

通商各口每年應收洋税銀兩數目清單(咸豐十一年五月三十日)

照録赫德原稟

通商各口每年應收洋税銀兩開後

一天津牛庄登州

進出口税餉並船鈔約二十萬兩

運貨入出内地子口税約七萬兩

洋藥税約八萬兩以每年二千箱算

共三十五萬

一上海長江一帶

進出口税餉並船鈔約三百萬兩

運貨入出内地子口税約一百五十萬兩

洋藥税約一百五十萬兩以三萬餘箱算

八三五 海關總税務司赫德稟文

通商各口每年應收洋税銀兩數目清單(咸豐十一年五月三十日)

共六百萬兩

一福州

進出口税餉並船鈔約八十萬兩

運貨入出內地子口税二十萬

洋藥税約二十萬兩以四十五百箱算

共一百二十萬兩

一廈門

進出口税並船鈔約三十萬兩

運貨入出內地子口税俟開辦再算

洋藥税約十萬兩以二十二百箱算

共四十萬

八三五　海關總税務司赫德禀文

通商各口每年應收洋税銀兩數目清單（咸豐十一年五月三十日）

一廣州
進出口税並船鈔約一百五十萬兩
運貨入出内地子口税約五十萬兩
洋藥税應征五十萬兩以一萬二千箱算
共二百五十萬兩
一潮州
進出口税並船鈔約十二萬兩
運貨入出内地子口税約三萬兩
洋藥税約八萬兩以一千八百箱算
共二十三萬兩
一臺灣瓊州寧波以上三口無從可算

通共一千零六十八萬兩

以現在光景核計若中外同心認真辦事每
口每年約有此數將來各貨如由上海出進口
較多則廣州出進口貨物未免較少統計各口
仍約係此數倘以後各匪滋擾較甚則貨物
難於銷售税餉自不及此數如各省均已平
靜則税餉自必有增

至洋藥一款現在每年到香港者約有七萬箱
以上各口所算洋藥税係以六萬箱算計每
箱四十五兩

八三五　海關總税務司赫德稟文

通商各口每年應收洋税銀兩數目清單（咸豐十一年五月三十日）

至外國船在長江裝載土貨運往上海者抵上
海該貨應照出進税則完清税餉俟復出口之
時則應照善後章程完納一半即子口税
至不發免税單更改發存票各口就能征各口
之税也如此辦法似與各口有益但恐將來
或有弊端若由上海運貨至寧波者先在上
海完納税餉後發給存票該商將貨運往寧
波售賣納税將存票在上海作為下次進口
免征之據固屬無弊倘該商在上海領取存
票後並不赴寧波竟於無關口處售賣則寧
波既不能征收税銀而該商執有存票下次

載貨進口又得免征豈不與稅餉有虧上海
進口洋貨帶有别港口免單者甚少别港口
進口貨無上海免稅單者甚少此出於洋船
自本國直赴上海不直至别口之故上海既
已有稅銀而商人復出口可無用至别處通
商港口在沿路未有關之處起貨即不如留
銀而不發存票以免不到别口之弊而省本
口發還現銀之虧而且若於大局有益可以
不必分各小口有稅未有稅之情形

八三六　海關總税務司赫德稟文　粵海關征收洋藥税之難處（咸豐十一年五月三十日）

照錄赫德原稟

洋藥

廣東省城設有洋葯抽釐總局立於河南有分局一處此局抽釐計銀每箱五十兩即如有洋葯在關上完納正税三十兩之後即由分局有役往該貨主令其多納五十兩但該局另有章程一條如有人先到該局輸納抽銀五十兩即無庸在關上完納正税並保其關上如將該貨查拏充公即由該局賠補此事自係私行從何而知因十年下半年有海關拏獲洋葯三四箱充公該貨主未至海關求

還倒抵局而該局即照所保發給賠補之銀
二千餘兩查粤海關征洋葯稅餉本來有許
多難處又加以地方官如此辦理不但於所
應行之事不相符而另於
國課並地方情形有碍

八三七 海關總稅務司赫德稟文

粵海關茶葉稅餉弊端

(咸豐十一年五月三十日)

照錄赫德原稟

粵海關茶葉稅餉

粵海關出口稅餉以茶葉為重而廣東土茶每年應納稅銀六萬餘兩此茶係鶴山縣出産咸豐六年以後均係漏稅而出澳門十年六月間已派令火輪巡船在該處巡查緝私孥獲裝私茶船三隻共茶價值約一萬五千兩應賞該線人四千餘兩過數日未曾販賣該茶鶴山知縣即到省城報言本縣人將抽釐局委員拏去並將縣署圍住聲言如不將茶葉還回即將該委員殺死並燒燬縣署等語

查問此事始知由廣東總釐局在鶴山縣設有抽茶釐之局該抽法章程係每百斤銀五錢即發給執照准其出澳門據勞制軍云現在百姓因失去茶葉其情甚急不如將茶葉發還而將此事了結等語即問以如此辦理則線人之賞銀從何而出辯論數日即由總釐局自將銀四千餘百兩交南海鶴山二縣送呈粤海關海關即將茶葉發還而留該走私船三隻充公見此情形即想因地方官如此可行欽命粤海關監督無庸立法緝私保護國課旋於七八九等月私到澳門漏税之茶葉

八三七　海關總稅務司赫德稟文

粵海關茶葉稅餉弊端

(咸豐十一年五月三十日)

日見其多而海關稅銀較少六萬兩再茶葉
每百斤在關上應納稅銀二兩五錢內該抽
釐局徵其五錢則客人即有二兩之利無一
肯到關納稅而且有官員保其走私該釐局
係因欲平地方起見而設而其所行之法令
人違背律例滋生事端實在可笑

八三八　總理衙門奉上諭著酌情妥議洋藥抽税章程（咸豐十一年五月三十日）

軍機大臣　字寄
欽命總理各國事務和碩恭親王奕　大學士桂
戶部左侍郎文　咸豐十一年五月三十日奉
上諭恭親王奕訢等奏覆陳税務事宜併赫德呈遞
清單及稟呈內所陳各事宜分别辦法各摺片覽
奏均悉所有長江一帶通商在上海總納税餉徵
收子口税設立關卡及請飭印票執照通商各口
每年應收洋税銀兩各口徵税費用各款本日已
諭令薛煥崇厚查辦其會緝私鹽及洋藥茶葉抽

八三八　總理衙門奉上諭

著酌情妥議洋藥抽稅章程

（咸豐十一年五月三十日）

釐有碍關稅各款亦諭勞崇光等查覈覆奏矣洋藥抽稅章程前經王大臣會議稅則通行但今昔情形不同未便拘泥赫德既稱收稅愈重則走漏愈甚其論尚可採擇即著恭親王奕訢等斟酌情形妥議章程總期稅務日有起色將來如有窒碍之處仍可由該王大臣等隨時變通不必仌原議諸臣另議反不能洞悉流弊至內地貨物出口而復進口條約稅則未經分晰牽混之語甚多既經奕訢等照會英法兩國擬令內地貨復進口時完

八三八　總理衙門奉上諭著酌情妥議洋藥抽税章程(咸豐十一年五月三十日)

一正税准扣二成若完一半正税不扣二成完清之後仍進關納税應俟該二國照覆到時再行妥商籌辦此項貨税爲内地關課大宗易啓影射偷漏之弊果能就我範圍既可杜内地商民勾串情弊亦可杜外國人入内地通商藉端起衅總在奕訢等悉心籌議期於有利無弊方爲妥善所請購買外洋船礮一摺本日復諭令官文等籌議辦理矣將此由五百里諭令知之欽此遵旨寄信前來

八三九　江蘇巡撫薛焕奉上諭著詳查總税務司所遞關税辦法清單(咸豐十一年五月三十日)

軍機大臣　字寄
辦理江浙粤閩内江各口通商事務頭品頂戴
江蘇巡撫薛　辦理三口通商大臣大理寺少
卿崇　兩廣總督勞　廣東巡撫耆　傳諭粤
海關監督毓清　咸豐十一年五月三十日奉
上諭恭親王奕訢等奏商辦税務事宜先將該總税
務司所遞清單稟呈分别辦法開單呈覽一摺現
當開辦關税之初必須嚴定章程方期税課日增
且以杜影射偷漏之弊今據該總税務司赫德呈

八三九　江蘇巡撫薛焕奉上諭著詳查總税務司所遞關税辦法清單(咸豐十一年五月三十日)

遞清單七件稟呈二件經恭親王奕訢等逐層辦論分别辦法其中不無可採之處如長江一帶通商一款據稱起貨下貨均在上海徵納税餉其鎮江以上漢口以下准商人任便起貨下貨鎮江以上即作為上海内口無庸設立之關等語長江賊匪出没無常商販走私難於查拏固宜於總處納交以免偷漏然任便起卸貨物又恐漫無限制又所稱徵收子口税須擇緊要處所設立關卡係專指洋貨進口土貨出口而言非土貨出口復進

口可比自應設卡徵收土貨出口以過卡准照為憑洋貨進口以入卡准照為斷總期該商進口出口貨物完一正税即有一子税庶税課可期充裕此項子税既為條約中應行之事且係内地税可以不扣二成又洋藥各口徵税情形一款内據稱通商本口作洋藥生理者或令請領字號招牌或令呈明請領印票執照以上各款著薛焕崇厚妥籌辦理又通商各口徵税費用每年通共銀五十七萬兩零一款單内所開各項入數及應給銀數

是否均屬允協并著薛焕崇厚妥議章程會商覈
辦至廣東私鹽與私貨同路進入應設巡船禁止
繞越令粤海關監督并廣東鹽運司會同合辦每
歟各出十餘萬兩經費而國課可增五十餘萬一
節廣東鹽運司及粤海關均有例設巡船但會同
出款巡緝有無窒碍著勞崇光耆齡會同毓清妥
速覈議又稱廣東設有洋藥抽釐總局如有人先
輸五十兩即無庸在關上完納正税又澳門漏税
之茶葉日見其多每百觔税銀二兩五錢抽釐局

八三九　江蘇巡撫薛焕奉上諭著詳查總税務司所遞關税辦法清單(咸豐十一年五月三十日)

只徵五錢即可任商繞越走私無一肯到關納税
設局抽釐原以補正税之不足若如赫德所稱洋
藥茶葉一經抽釐轉於關税有碍是否實有其事
併著勞崇光等據實查明赫德所遞各件及奕訢
等給英法照會已咨行各口通商大臣即著薛焕
等按照各款詳細覆奏將此由六百里諭知薛焕
崇厚勞崇光耆齡并傳諭毓清知之欽此遵
次日抄寄總理衙門
旨寄信前來

八四〇 總理衙門奏折 商定各口稅章擬令前粵海關監督恒祺進總署辦事(咸豐十一年八月十九日)

〇

恭親王等片

再臣等衙門辦事大臣恒祺於本年五月初六日
丁憂照例穿孝百日計至八月十七日服滿始應
銷假當差惟現因商定長江天津各口稅課
章程必須熟悉稅務大員與外國商酌會議
方可允協係辦事大臣曾任粵海關監督稅務
熟悉雖未能即除縞素之服而署中商辦需人
孔亟
國服期內是以臣等已囑該大臣進署協同辦事
至該大臣百日服滿可否飭赴
行在跪請

八四〇　總理衙門奏折

商定各口稅章擬令前粵海關監督恒祺進總署辦事(咸豐十一年八月十九日)

垂察。錄何之處，應候

皇上俯示遵行，理合附片請

旨。伏乞

皇上聖鑒。謹

奏。

咸豐十一年八月十九日軍機處贊襄政務王大臣奉

旨：著恒祺前來。欽此。

八四一　兩廣總督勞崇光奏折

英領事館暫時租住廣東將軍衙門

（咸豐十一年十月二十一日）

另有旨諭將軍衙門

〇

勞崇光等片

再，英國巴夏禮前欲令該國領事租住將軍衙門，經臣端

力飭阻止，改令借住北門內長壽仙館，前經附片

奏明在案。茲復據巴夏禮因該國領事羅伯遜前來，面稱長

壽仙館地方過於偏僻，不惟無以安心，且該領事往跟商議

相去河干太遠，亦諸多未便，仍請租住將軍衙門，以便

面勸切商。與往復辯論，實已舌敝唇焦，伊甘固只堅持

不允。略變易其詞，以將軍衙門既以讓將軍遷回辦公，

自不便再行占住，惟查該衙門二堂以東，另有樓房二

間、屋房數間，並空園荒地一段，若將二堂旁門堵塞，

另於園內開門出入，與將軍辦公之處兩無干礙，求將此

地暫行租住，以免間隔。切語臣查將軍衙門大堂、二堂房

八四一　兩廣總督勞崇光奏折

英領事館暫時租住廣東將軍衙門（咸豐十一年十月二十一日）

屋頗多，特令遷回之後，定欲居住以公二堂後面有
房屋一棟，上建高樓，前因失火毀為平地，惟其東首
有小樓二間，前此獨存，將軍遷回後亦難居住，其原房
及荒園一段，更係空閒之地，以牆門隔斷，另行開門出
入，於將軍辦公尚無干涉，於體統亦無妨礙，且與將軍
穆克德訥及五省司道公同商議，以該國已無交城為
期，其退還之後，欲占住將軍衙門，自屬萬難准行，今仍
交還衙門，不過於二堂之後暫居閒房，要求臣與法國
之全與藩司衙門大有區別，若再固執不允，恐致枝
節橫生，竟不得不權宜變通，以維大局，當復與巴夏禮
及該領事羅伯遜切實訂明，將該處地段畫出界址、暫

八四一　兩廣總督勞崇光奏折

英領事館暫時租住廣東將軍衙門
(咸豐十一年十月二十一日)

給居住仍約定一二年後沙面地方建有廨署即行
遷移出城將此地退還不得日久居住以符原議旋據
該領事伸陳情願每年交租銀二百兩甘結核與法國
租住廣司衙門按年交租西國一律應俟租銀交到與
法國所交租銀一並發司存儲入冊報撥謹附片陳明
伏乞
聖鑒謹
奏
咸豐十一年十月二十一日議政王軍機大臣奉

八四二　粵海關監督毓清奏折

報告大關及潮州新關征收税銀數目
（同治元年閏八月二十八日）

粵海關監督奴才毓清跪

奏為關税一年期滿謹將大關徵收總數先行循
例具報仰祈
聖鑒事竊照粵海大關暨各口徵收正雜銀兩向例
一年期滿先將總數
奏明俟查覈支銷確數另行恭疏具
題分款造冊解部查粵海關原定正額銀四萬兩
銅觔水脚銀三千五百六十四兩又嘉慶四年
五月奉户部劄行
欽定粵海關盈餘銀八十五萬五千五百兩欽遵辦理
各在案茲查同治元年分自咸豐十一年七月

八四二　粤海關監督毓清奏折

報告大關及潮州新關征收税銀數目
(同治元年閏八月二十八日)

二十六日起至同治元年七月二十五日關期
報滿止一年期内大關共徵銀八十六萬九千
四百六十九兩六錢九分五釐潮州新關共徵
銀十一萬三百六十五兩三錢六分一釐按照
從前正額銅觔水脚暨
欽定盈餘銀兩徵足外計多收銀八萬餘兩至各口税
數因路途間有阻滯税冊未能依限到齊已經
飭催查辦其徵收總數請俟奏銷時再行彚總
奏報以歸覈實又道光二十三年更定通商税務
章程案内聲明福州廈門甯波上海四處海關
所徵洋税統歸粤海關彚覈具

八四二　粤海關監督毓清奏折
報告大關及潮州新關征收税銀數目
（同治元年閏八月二十八日）

奏兹同治元年分福州廈門甯波上海四關均未
准咨會到粤應俟各關將一年徵收總數移會
到日再行彙總覈算除將粤海關及潮州新關
船隻貨物數目遵例造册送部覈對外謹恭
摺具
奏伏乞
皇上聖鑒謹
奏
議政王軍機大臣奉
旨該衙門覆覈具奏片併發欽此
同治元年閏八月　二十八　日

八四三　粵海關監督毓清奏折

補報咸豐九年收支税數

(同治元年十二月初八日)

粵海關監督奴才毓清跪

奏為補報咸豐九年分粵海關收支税數仰祈

聖鑒事竊照粵海關每年徵收税銀例應將收支各

數分款造報咸豐九年分關税係前監督恒祺

管理自八年八月二十六日起至九年八月二

十五日滿關止統計一年期内大關共徵銀八

十一萬五千七百三十六兩二錢七分五釐其

各口税數前因路途阻滞税冊未能依限到齊

經前監督恒祺

奏明在案兹據各口造齊冊籍繳報前來奴才查咸

八四三　粤海關監督毓清奏折

補報咸豐九年收支税數
(同治元年十二月初八日)

豊九年分各口實共徵銀六萬六千二百八十一兩四錢七釐與大關合計共徵銀八十八萬二千一十七兩六錢八分二釐内除循例撥支正額銀四萬兩銅觔水脚銀三千五百六十四兩普濟院公用銀四萬兩又支銷通關經費養廉工食及鎔銷折耗等銀六萬四千五百七十六兩五錢七分三釐以上四款共撥支銀一十四萬八千一百四十兩五錢七分三釐外尚存循例報解水脚銀二萬六百九十五兩一錢六分八釐部飯食銀一萬八千五百七十兩九錢

一分二釐應解造辦處裁存備貢銀五萬五千兩正雜盈餘平餘水脚造辦處備貢等十五兩加平共銀一萬五百六十二兩一分六釐造辦處備貢二十五兩加平銀一千三百七十五兩解部關稅銀六十二萬七千六百七十四兩一分三釐以上六款共存銀七十三萬三千八百七十七兩一錢九釐另存平餘銀七百六十五兩二錢三分三釐統共應存銀七十三萬四千六百四十二兩三錢四分二釐查六年分尚有

八四三　粵海關監督毓清奏折

補報咸豐九年收支税數（同治元年十二月初八日）

不敷撥解銀九萬二千五百六十兩五錢六分二釐八年分不敷撥解本省軍需總局銀三十二萬二千二百五十三兩三錢二分二釐另九年分解過本省軍需總局銀五十二萬五千五百一十八兩二分八釐交過美國五分之一銀一萬一千八百一十二兩五錢九分五釐交過法國首次歸補銀二萬兩交過英法兩國修築沙面地基銀三萬六千七百二十兩以上六款共應撥銀一百萬八千八百六十四兩五錢七釐除將九年分應存銀七十三萬四千六百四十二兩三錢四分二釐全數抵撥外尚不敷銀

二十七萬四千二百二十二兩一錢六分五釐
已歸入十年分稅銀内分別撥抵敷辦至遵
旨酌留尾銀解存藩庫一款並廣儲司公用銀一款該
年無項可撥並應另行辦理再查九年分福州
廈門二關共徵銀三十五萬三千一百五十四
兩一錢三分七釐甯波關徵銀四千六百九兩
九錢七分五釐上海關徵銀二百一十七萬九
千三百九十五兩八錢八分六釐已准咨會到
關遵照道光二十三年通商章程歸入粵海關
統計彙報以符成例苐謹將咸豐九年分關稅
徵收支銷各數恭摺具

奏伏乞

皇上聖鑒謹

奏

議政王軍機大臣奉

旨該衙門知道欽此

同治元年十二月　　初八　　日

八四四　粤海關監督毓清奏折

報告大關及潮州新關征收關税總數（同治二年九月十六日）

粤海關監督奴才毓清跪

奏爲關税一年期滿謹將大關徵收總數先行循
例具報仰祈
聖鑒事竊照粤海大關暨各口徵收正雜銀兩向例
一年期滿先將總數
奏明俟查覈支銷確數另行恭疏具
題分款造册解部查粤海關原定正額銀四萬兩
銅觔水脚銀三千五百六十四兩又嘉慶四年
五月奉户部劄行
欽定粤海關盈餘銀八十五萬五千五百兩欽遵辦理

八四四　粤海關監督毓清奏折　報告大關及潮州新關征收關税總數（同治二年九月十六日）

各在案兹查同治二年分自同治元年七月二十六日起連閏至二年六月二十五日關期報滿止一年期内大關共徵銀九十一萬五千九百三十五兩二錢二分二釐潮州新關共徵銀一十六萬九千七百四十五兩二錢四分九釐按照從前正額銅觔水脚暨
欽定盈餘銀兩徵足外計多收銀十八萬六千餘兩至各口稅數路途間有阻滯稅冊未能依限到齊已催查辦其徵收總數請俟奏銷時再行彙總
奏報以歸覈實除將粤海關及潮州新關船隻貨

物數目遵例造冊送部覈對外,謹恭摺具
奏,伏乞
皇上聖鑒。謹
奏。

議政王軍機大臣奉
旨:該衙門知道。欽此。

同治二年九月　十六　日

八四五　粤海關監督毓清奏折　報告大關及潮州新關征收洋藥税銀及扣還英法賠款(同治二年九月十六日)

再洋藥一項前准部行每百觔徵收税銀三十兩按三箇月造冊報解等因遵照辦理在案茲查自同治元年七月二十六日起連閏至二年六月二十五日止粤海大關及潮州新關共徵洋藥税銀二十六萬五千六百二十五兩八錢八分內除扣給英法二國各二成銀一十萬六千二百五十兩三錢五分二釐外尚存六成銀一十五萬九千三百七十五兩五錢二分八釐此項銀兩即當陸續起解以清款項合併附片陳明謹

奏

議政王軍機大臣奉
旨該衙門知道欽此

八四六 兩廣總督毛鴻賓奉上諭 著即查辦劣紳勾通外國勒還巨款并收回印票以杜後患(同治二年十二月十四日)

議政王軍機大臣 字寄
兩廣總督毛 署廣東巡撫郭 傳諭粵海關
監督毓清 同治二年十二月十四日奉
上諭羅惇衍奏劣紳勾通外國勒還巨款請收回印
票以杜後患一摺據稱已故布政使銜候選道伍
崇曜捐輸銀三十二萬兩諉與咪國要在粵海關
索本息銀四十七萬餘兩令該紳已於十月二十
四日病歿恐海關原給印票一落於咪夷之手則
持券來索又費脣舌且釀事端請令兩廣總督察

八四六　兩廣總督毛鴻賓奉上諭

著即查辦劣紳勾通外國勒還巨款并收回印票以杜後患(同治二年十二月十四日)

看妥辦等語廣東紳士伍崇曜前代籌銀三十二
萬兩據云借自咪國並需息銀十五萬兩前經
晏端書奏請由粤海關税項下陸續給還當經總
理各國事務衙門户部議由廣東現任督撫飭令
伍崇曜先行倡捐並於通省商富内勸令一體捐
輸歸款業經有旨允准兹據該尚書奏伍崇曜身
故恐海關印票一落外國之手諸費脣舌所籌不
為無見此項銀兩無論借自何人總以速行歸款
為妥著毛鴻賓郭嵩燾毓清查前項銀兩曾否勸

八四六 兩廣總督毛鴻賓奉上諭著即查辦劣紳勾通外國勒還巨款并收回印票以杜後患(同治二年十二月十四日)

捐歸補陸續清還現在尚欠若干能否令伍崇曜子弟自行籌補若干其不敷者官為勸捐清結惟海關印票總以先行收回為最要之著免致咪國執持原券致多饒舌該督等務須妥速籌商豫弭後患是為至要原摺著抄給閱看將此諭令知之欽此遵
旨寄信前來

八四七　兩廣總督毛鴻賓奉上諭　著將粤海關應解廣儲司銀兩仍如數解交内務府兑收（同治三年正月初八日）

議政王軍機大臣　字寄
兩廣總督毛　署廣東巡撫郭　傳諭粤海關
監督毓清　同治三年正月初八日奉
上諭内務府户部奏遵議毛鴻賓等奏粤海關例解
廣儲司公用銀兩力難批解請於各海關均勻分
解一摺據稱該關奏提京餉除二年分欠銀十萬
兩外舊欠京餉尚欠解銀四十萬兩俱係應解之
款惟該關近來收税較少若京餉備用兩鉅款一
時俱令全數清解誠恐力有未能擬令該關將欠

八四七　兩廣總督毛鴻賓奉上諭

著將粵海關應解廣儲司銀兩仍如數解交内務府兑收（同治三年正月初八日）

解二年京餉銀十萬兩仍照舊報解其陳欠京餉四十萬兩暫緩籌解迅將廣儲司公用銀兩如數解交内務府儻仍延宕即照新章嚴參等語廣儲司公用銀三十萬兩例由粵海關按季批解未便率改舊章且各關撥款亦屬繁多若再令添解鉅款勢必藉詞推諉於要需毫無實際著照該衙門所議該關欠解二年京餉銀十萬兩仍著照舊報解其陳欠京餉銀四十萬兩著准其暫緩籌解其應解廣儲司公用銀兩仍著如數解交内務府兑

八四七　兩廣總督毛鴻賓奏上諭
著將粵海關應解廣儲司銀兩仍如數解交內務府兑收(同治三年正月初八日)

收以重庫款經此次曲加體恤毛鴻賓郭嵩燾毓
清務當認真籌款陸續起解不准藉端拖延亦不
准飾詞瀆請仍將起程日期委員職名先行報部
查覈儻敢再行延宕定即從嚴懲處將此由五百
里諭知毛鴻賓郭嵩燾並傳諭毓清知之欽此遵
旨寄信前來

次日抄交內務府戶部

補報咸豐十年粵海關潮州新關收支稅總數(同治三年十二月初八日)

粵海關監督奴才毓清跪

奏為補報咸豐十年分並距第一結期餘剩二十一日收支稅數仰祈

聖鑒事竊照粵海關每年徵收稅銀例應將收支各數分款造報查咸豐十年分關稅自九年八月二十六日起連閏至十年七月二十五日止前監督恒祺管理任內計兩箇月零二十九日共徵大關稅銀三十二萬六千四百三十八兩八錢三釐奴才接管任內九箇月零一日共徵大關稅銀六十六萬五千四百四十九兩七錢三分統計一年兩任共徵大關稅銀九十九萬一千

八四八　粤海關監督毓清奏折

補報咸豐十年粤海關潮州新關收支稅總數(同治三年十二月初八日)

八百八十八兩五錢三分三釐又潮州新關於
咸豐九年十二月初九日開辦是月二十七日
徵稅起連閏至十年七月二十五日止共徵洋
稅銀四萬七千三百四十二兩三錢六分九釐
其各口稅數前因路途阻滯稅册未能依限到
齊業經
奏明在案兹據各口造齊册籍繳報前來㕘查咸
豐十年分各口實共徵銀五萬四千二百七十
六兩六錢七分以上大關潮州新關及各口通
共徵銀一百九萬三千五百七兩五錢七分二
釐内除循例撥支正額銀四萬兩銅觔水脚銀

八四八 粵海關監督毓清奏折

補報咸豐十年粵海關潮州新關收支稅總數(同治三年十二月初八日)

三千五百六十四兩普濟院公用銀四萬兩又支銷通關經費養廉工食及鎔銷折耗等銀六萬六千一百七十八兩六錢二分四釐大關稅務司經費銀九萬三千六百四十九兩二錢三分六釐潮州新關稅務司經費銀一萬八千二百三十六兩二錢七釐補解過廣儲司咸豐五年首二三季分公用連加平共銀二十三萬四千兩留存備解造辦處米艇連加平共銀三萬一千二百兩以上八款共撥支銀五十二萬六千八百二十八兩六分七釐外尚存循例報解水腳銀二萬九百兩六錢六分四釐部飯食銀

二萬四百七十四兩四錢四分五釐應解造辦處裁存備貢銀五萬五千兩正雜盈餘平餘水脚造辦處備貢等十五兩加平共銀八千五十九兩二錢二分七釐造辦處備貢二十五兩加平銀一千三百七十五兩解部關税銀四十六萬八百七十兩一錢六分九釐以上六款共存銀五十六萬六千六百七十九兩五錢五釐另存平餘銀五百一十兩九錢四分五釐統共應存銀五十六萬七千一百九十兩四錢五分查九年分尚有不敷撥解銀二十七萬四千二百二十二兩一錢六分五釐另十年分解過浙江

軍需銀一十萬兩撥解廣東軍需總局關稅原
撥江南餉銀項下劃還贛關經稅銀八萬四千
五百九十兩三錢六分二釐撥解廣東軍需總
局代解江西軍需銀一萬九千兩解廣東軍需
總局劃解西匯銀一十二萬二千六百七十二
兩七錢一分三釐交過美國五分之一銀七萬
六百六兩七錢七分四釐交過法國首次歸補
銀三十一萬三千三百三十三兩三錢交過英
法兩國修築沙面地基新路工程銀一十五萬
五千七十七兩五錢以上八款共撥解銀一百
一十三萬九千五百二兩八錢一分四釐除將

八四八　粤海關監督毓清奏折

補報咸豐十年粤海關潮州新關收支稅總數(同治三年十二月初八日)

十年分應存銀五十六萬七千一百九十兩四錢五分全數抵撥外尚不敷銀五十七萬二千三百一十二兩三錢六分四釐又咸豐十一年分關期自十年七月二十六日起至八月十六日第一結前一日止計二十一日共徵大關稅銀一萬八千六十七兩二錢九分五釐潮州新關稅銀一千八百二十二兩二錢三分九釐二共徵銀一萬九千八百八十九兩五錢三分四釐内除循例撥支正額銀二千三百三十三兩三錢三分三釐銅觔水脚銀二百七兩九錢普濟院公用銀二千三百三十三兩三錢三分三

八四八　粵海關監督毓清奏折

補報咸豐十年粵海關潮州新關收支稅總數(同治三年十二月初八日)

發又支銷大關經費養廉工食等銀二千三十九兩五錢五釐留存備解造辦處米艇連加平共銀一千八百二十兩以上五款共撥支銀八千七百三十四兩七分一釐尚存循例報解水脚銀二百九十五兩一錢七分二釐部飯食銀二百一十七兩六錢二分五釐應解造辦處裁存備貢銀三千二百八兩三錢三分三釐正雜盈餘水脚備貢等十五兩加平共銀一百六十兩四錢五分八釐造辦處備貢二十五兩加平銀八十兩二錢八釐解部關稅銀七千一百九十三兩六錢六分七釐以上六款共存銀一萬

八四八　粵海關監督毓清奏折　補報咸豐十年粵海關潮州新關收支稅總數(同治三年十二月初八日)

一千一百五十五兩四錢六分三釐內除交過
美國五分之一銀二千四百六十八兩三錢三
分一釐應存銀八千六百八十七兩一錢三分
二釐歸併十年分抵撥外實不敷銀五十六萬
三千六百二十五兩二錢三分二釐已歸入下
年分稅銀內分別撥抵款辦至遵
旨酌留尾銀解存藩庫一款該年無項可撥合併陳明
謹將咸豐十年分並距第一結期餘剩二十一
日關稅徵收支銷各數目恭摺具
奏伏乞
皇上聖鑒謹

八四八　粵海關監督毓清奏折

補報咸豐十年粵海關潮州新關收支稅總數(同治三年十二月初八日)

奏

議政王軍機大臣奉

旨該衙門知道欽此

同治三年十二月　初八　日

八四九　粵海關監督毓清奏折

咸豐十一年份大關并潮州新關收支總數(同治三年十二月十八日)

粵海關監督奴才毓清跪

奏為咸豐十一年分洋税第一結至第四結一年
期內大關並潮州新關收支總數具報仰祈
聖鑒事竊照粵海關每年徵收税銀向係按照關期
將收支各數分款造報前於同治二年十一月
聞奉部劄行
奏准將各海關洋税收支數目均以咸豐十年八
月十七日為始仍按三箇月奏報一次扣足四
結專摺奏銷一次仍從第一結起造具每結四
柱清冊送部查覈毋庸按照關期題銷以清界
劃而免稽延其各關應徵常税仍令各按關期

八四九　粤海關監督毓清奏折

咸豐十一年份大關并潮州新關收支總數（同治三年十二月十八日）

照常題銷以符舊制等因業將咸豐十年分並距第一結期餘剩二十一日收支數目具
奏在案茲查咸豐十一年分自十年八月十七日
第一結起至十一年八月二十六日第四結止
大關共徵銀一百四十二萬四千九百七兩九
錢七分二釐潮州新關共徵銀一十二萬八千
四百二兩七錢九釐二共徵銀一百五十五萬
三千三百一十兩六錢八分一釐內除循例撥
支正額銀四萬兩銅觔水脚銀三千五百六十
四兩普濟院公用銀四萬兩又支銷大關經費
養廉工食等銀三萬八千三百五十九兩七錢

五分三釐大關税務司經費銀九萬六百九十兩二錢四分四釐大關津貼經費銀二萬三千七百三十六兩潮州新關税務司經費銀二萬三千八百二十七兩潮州新關津貼經費銀一萬八千二百八十兩八錢大關火耗銀一萬一千八百九十六兩七錢五分二釐潮州新關火耗銀一千一百六十七兩九錢六分六釐以上十款共撥支銀二十九萬一千五百二十二兩五錢一分五釐外尚存循例報解水脚銀三萬九千八百六十八兩九分八釐部飯食銀三萬四千四百三十七兩九釐正雜盈餘水脚公用

八四九　粵海關監督毓清奏折

咸豐十一年份大關并潮州新關收支總數(同治三年十二月十八日)

等十五兩加平銀一萬八千二十七兩三錢五分七釐又公用二十五兩加平銀七千五百兩解部關稅銀一百一十六萬一千九百五十五兩七錢二釐以上五款共應存銀一百二十六萬一千七百八十八兩一錢六分六釐查十一年分解過廣儲司公用連加平共銀三十一萬二千兩江南糧臺銀五萬兩江北糧臺銀五萬兩滬商在滬完稅劃抵江北糧臺銀五萬兩撥解廣東藩庫代解貴州兵餉銀一萬五千兩交過美國商虧銀七萬一千六百七十二兩七分三釐英法兩國修築沙面地基銀四萬五千九

十六兩八分三釐賠償英國銀一十七萬五千四百六十三兩九錢四分英國二成銀二十五萬六千七十兩二錢九分六釐法國二成銀二十四萬八千一百二十八兩五錢二分四釐以上十款共撥解銀一百二十七萬三千四百三十兩九錢一分六釐除將前共應存銀一百二十六萬一千七百八十八兩一錢六分六釐全數抵撥外尚不敷銀一萬一千六百四十二兩七錢五分連上年不敷撥解銀五十六萬三千六百二十五兩二錢三分二釐合計共不敷銀五十七萬五千二百六十七兩九錢八分二釐

八四九　粤海關監督毓清奏折
咸豐十一年份大關并潮州新關收支總數(同治三年十二月十八日)

已歸入下年分徵收税銀内撥抵覈辦除遵照
扣足四結為一年造具四柱清冊送部查覈外
謹將咸豐十一年分洋税自第一結起至第四
結止所有大關及潮州新關徵收文銷各數目
恭摺具
奏伏乞
皇上聖鑒謹
奏
議政王軍機大臣奉
旨該衙門知道欽此
同治三年十二月　　十八　　日

八五〇　粵海關監督毓清奏折

同治元年大關并潮州新關洋税收支總數(同治四年正月二十日)

粵海關監督奴才毓清跪

奏爲同治元年分洋税第五結至第八結一年期內大關並潮州新關收支總數具報，仰祈

聖鑒事。竊照粵海關每年徵收税銀，向係按照關期將收支各數分款造報。前於同治二年十一月間奏，部劄行

奏准將各海關洋税收支數目均以咸豐十年八月十七日爲始，仍按三箇月奏報一次，扣足四結專摺奏銷一次，仍從第一結起造具每結四柱清册送部查覈，毋庸按照關期題銷，以清界劃而免稽延。其各關應徵常税，仍令各按關期

八五〇 粵海關監督毓清奏折

同治元年大關并潮州新關洋税收支總數(同治四年正月二十日)

照常題銷以符舊制等因業將咸豐十一年分
第一結至第四結一年期内收支總數具
奏在案茲查同治元年分自咸豐十一年八月二
十七日第五結起至同治元年閏八月初七日
第八結止大關共徵銀九十萬三千九百二十
二兩二錢五分五釐潮州新關共徵銀一十二
萬五千二百四十四兩一分八釐二共徵銀一
百二萬九千一百六十六兩二錢七分三釐内
除循例撥支正額銀四萬兩銅觔水脚銀三千
五百六十四兩普濟院公用銀四萬兩又支銷
大關經費養廉工食等銀三萬四千七百五十

三兩四錢五分一釐大關税務司經費銀一十萬五千一百四十四兩六錢三分三釐大關津貼經費銀二萬三千七百三十六兩潮州新關税務司經費銀一萬九千二百三十九兩二分潮州新關津貼經費銀一萬八千二百八十兩八錢大關火秏銀一萬八百四十七兩六分七釐潮州新關火秏銀一千五百二兩九錢二分八釐以上十款共撥支銀二十九萬七千六十七兩八錢九分九釐尚存循例報解水脚銀二萬二千五百二十一兩四錢四分七釐部飯食銀一萬九千九百九十七兩七錢九分五釐正

雜盈餘水脚公用米艇等十五兩加平銀一萬四百六十二兩六錢九分三釐又公用米艇等二十五兩加平銀四千一百二十五兩解部關税銀六十七萬四千九百九十一兩四錢三分九釐以上五款共應存銀七十三萬二十九十八兩三錢七分四釐查元年分解過部庫連加平飯銀共一十五萬六千六百兩總理各國事務衙門酌提三成船鈔銀一千九百七十九兩九錢一分廣儲司公用連加平共銀一十五萬六千兩造辦處米艇連加平共銀一萬五千六百兩閩省截留商税劃抵銀一十二萬兩撥解

八五〇　粤海關監督毓清奏折

同治元年大關并潮州新關洋税收支總數(同治四年正月二十日)

廣東藩庫代解浙江軍餉銀二萬兩前廣東巡
撫耆齡赴閩軍餉銀二千三百二十七兩九錢
五分三釐浙江藩司蔣益澧赴浙軍餉銀一萬
兩購買外洋船礮銀一十七萬五千兩英法兩
國修築沙面地基銀一萬七千八百一十五兩
二錢七分七釐美國商虧銀五萬八千九百三
兩四錢七分四釐英國二成銀一十九萬五千
五百八十七兩四錢八分六釐法國二成銀一
十九萬八千四百八十五兩五錢一分四釐以
上十三款共撥解銀一百一十二萬八千二百
九十九兩六錢一分四釐除將前共應存銀七

八五〇　粵海關監督毓清奏折

同治元年大關并潮州新關洋稅收支總數(同治四年正月二十日)

十三萬二千九十八兩三錢七分四釐全數抵
撥外尚不敷銀三十九萬六千二百一兩二錢
四分連上年不敷撥解銀五十七萬五千二百
六十七兩九錢八分二釐合計共不敷銀九十
七萬一千四百六十九兩二錢二分二釐已歸
入下年分徵收稅銀内撥抵覈辦除遵照扣足
四結為一年造具四柱清冊送部查覈外謹將
同治元年分洋稅自第五結起至第八結止所
有大關及潮州新關徵收支銷各數月恭摺具
奏伏乞
皇上聖鑒謹

八五〇　粵海關監督毓清奏折

同治元年大關并潮州新關洋稅收支總數(同治四年正月二十日)

奏

軍機大臣奉

旨該衙門知道欽此

同治四年正月　二十　日

八五一　粵海關監督師曾奏折

補報同治二年份大關并潮州新關洋稅收支總數（同治四年四月二十八日）

粵海關監督臣師曾跪

奏為補報同治二年分洋稅第九結至第十二結
一年期內大關並潮州新關收支總數仰祈
聖鑒事竊照粵海關每年徵收稅銀向係按照關期
將收支各數分款造報前於同治二年十一月
間奉部劄行
奏准將各海關洋稅收支數目均以咸豐十年八
月十七日為始仍按三箇月奏報一次扣足四
結專摺奏銷一次仍從第一結起造具每結四
柱清冊送部查覈毋庸按照關期題銷以清界
劃而免稽延其各關應徵常稅仍令各按關期

八五一　粵海關監督師曾奏折

補報同治二年份大關并潮州新關洋稅收支總數(同治四年四月二十八日)

照常題銷以符舊制等因業將同治元年分第
五結至第八結一年期內收支總數具
奏在案茲查同治二年分前監督毓清管理任內
自元年閏八月初八日第九結起至二年八月
十八日第十二結止大關共徵銀九十三萬一
千九百八十九兩一錢七分六釐潮州新關共
徵銀一十六萬九千七百二十一兩六錢五分
三釐二共徵銀一百一十萬一千七百一十兩
八錢二分九釐內除傳辦綫絹工價銀三萬二
千七百六十八兩四錢七分九釐循例撥支正
額銀四萬兩銅觔水腳銀三千五百六十四兩

八五一　粵海關監督師曾奏折　補報同治二年份大關并潮州新關洋税收支總數(同治四年四月二十八日)

普濟院公用銀四萬兩又支銷大關經費養廉
工食等銀三萬五千五百五十六兩六錢九分
八釐解員匯解京餉匯費銀八千七百六十八
兩二錢一分一釐大關税務司經費銀一十萬
八千七百九十七兩九錢三釐大關津貼經費
銀二萬三千七百三十六兩潮州新關税務司
經費銀二萬三千四百一十六兩潮州新關津
貼經費銀一萬八千二百八十兩八錢大關火
耗銀一萬一千一百八十三兩八錢七分潮州
新關火耗銀二千三十六兩六錢六分以上十
二款共撥支銀三十四萬八千一百八兩六錢

二分一釐尚存循例報解水腳銀二萬四千三
百二兩五錢五分一釐部飯食銀二萬五百五
十三兩六錢三分五釐正雜盈餘水腳等十五
兩加平銀一萬八百三十三兩二錢三分解部
關稅銀六十九萬七千九百一十二兩七錢九
分二釐以上四款共應存銀七十五萬三千六
百二兩二錢八釐查同治二年分解過
定陵工程銀三萬兩部庫連加平飯銀共三十一萬三
千二百兩總理各國事務衙門酌提三成船鈔
銀九千六百二十八兩三錢二分撥解廣東藩
庫轉解浙江軍餉銀一千兩藩庫轉解江南糧

八五一　粵海關監督師曾奏折

補報同治二年份大關并潮州新關洋税收支總數(同治四年四月二十八日)

臺銀五千兩閩省截留商税劃抵銀八萬兩清淮撥餉内劃解部庫銀四千兩清淮餉銀五千兩購辦外洋船礮銀七萬五千兩提撥大關輪船經費銀二萬兩潮州新關輪船經費銀一萬兩添撥大關另辦輪船經費銀三萬兩潮州新關另辦輪船經費銀二萬兩美國商虧銀五萬五千八百八十四兩三錢六分九釐英國二成銀二十一萬三千九百二十三兩二錢八分五釐法國二成銀二十一萬三千九百二十三兩二錢八分五釐以上十六款共撥解銀一百八萬六千五百五十九兩二錢五分九釐除將應

存銀七十五萬三千六百二兩二錢八釐全數
抵撥外尚不敷銀三十三萬二千九百五十七
兩五分一釐連上年不敷撥解銀九十七萬一
千四百六十九兩二錢二分二釐合計共不敷
銀一百三十萬四千四百二十六兩二錢七分
三釐已歸入下年分徵收税銀内撥抵覈辦除
遵照扣足四結爲一年造具四柱清冊送部查
覈外謹將同治二年分洋税自第九結起至第
十二結止所有大關及潮州新關徵收支銷各
數目恭摺具
奏伏乞

八五一　粤海關監督師曾奏折

補報同治二年份大關并潮州新關洋税收支總數(同治四年四月二十八日)

皇太后
皇上聖鑒謹
奏
軍機大臣奉
旨該衙門知道欽此

同治四年四月　二十八　日

八五二　粵海關監督師曾奏折

補報同治三年份大關并潮州新關洋税收支總數(同治四年五月初九日)

粵海關監督奴才師曾跪

奏爲補報同治三年分洋税第十三結至第十六結一年期内大關並潮州新關收支總數仰祈

聖鑒事竊照粵海關每年徵收税銀向係按照關期將收支各數分款造報前於同治二年十一月

間奉部劄行

奏准將各海關洋税收支數目均以咸豐十年八月十七日爲始仍按三箇月奏報一次扣足四結專摺奏銷一次仍從第一結起造具每結四柱清冊送部查覈毋庸按照關期題銷以清界劃而免稽延其各關應徵常税仍令各按關期

八五二　粤海關監督師曾奏折

補報同治三年份大關并潮州新關洋税收支總數(同治四年五月初九日)

照常題銷以符舊制等因業將同治二年分第九結至第十二結一年期内收支總數具
奏在案兹查同治三年分前監督毓清管理任内自二年八月十九日第十三結起至三年八月三十日第十六結止大關共徵銀六十四萬三千五百二十九兩三錢八分三釐潮州新關共徵銀一十八萬七千六百七十六兩九錢三分三釐二共徵銀八十三萬一千二百六兩三錢一分六釐内除傳辦紅(?)觔工價銀九千八百兩循例撥支普濟院公用銀四萬兩又支銷大關經費養廉工食等銀三萬三千三百四十八兩

七分八釐解員匯解京餉匯費銀四千六十七兩三錢五分七釐大關稅務司經費銀一十二萬兩大關津貼經費銀二萬三千七百三十六兩潮州新關稅務司經費銀三萬一千二百兩潮州新關津貼經費銀一萬八千二百八十兩八錢大關火耗銀七千七百二十二兩三錢五分三釐潮州新關火耗銀二千二百五十二兩一錢二分三釐以上十款共撥支銀二十九萬四百六兩七錢一分一釐尚存循例報解水脚銀一萬八千七百三十二兩一錢三分三釐部飯食銀一萬四千七百一十三兩二錢七分二

八五二、粵海關監督師曾奏折

補報同治三年份大關并潮州新關洋稅收支總數(同治四年五月初九日)

釐正雜盈餘水脚等十五兩加平銀七千七百七十四兩六錢七分五釐解部關稅銀四十九萬九千五百七十九兩五錢二分五釐以上四款共應存銀五十四萬七百九十九兩六錢五釐查同治三年分解過部庫連加平飯銀共五萬二千二百兩總理各國事務衙門酌提三成船鈔銀九千兩三錢七分刊印外國通行律例銀五百兩清淮餉銀二千兩廣東省同文館經費銀三千兩提撥大關輪船經費銀六萬兩潮州新關輪船經費銀三萬兩美國商虧銀二萬八千六百五十二兩三錢八分四釐英國二成

銀一十五萬九千九百七兩六錢八分三釐法
國二成銀一十五萬九千九百七兩六錢八分
三釐以上十款共撥解銀五十萬五千一百六
十八兩一錢二分連上年不敷撥解銀一百三
十萬四千四百二十六兩二錢七分三釐共銀
一百八十萬九千五百九十四兩三錢九分三
釐業將應存銀五十四萬七百九十九兩六錢
五釐抵撥計不敷銀一百二十六萬八千七百
九十四兩七錢八分八釐亦經前監督毓清將
各年分應存加平節存盤費米艇連加平洋藥
半稅共銀八十三萬四百三十六兩八分五釐

八五二　粵海關監督師曾奏折

補報同治三年份大關并潮州新關洋稅收支總數（同治四年五月初九日）

又怡和等行代繳萬源等行欠項銀一十萬七百三十九兩四錢四分統共銀九十三萬一千一百七十五兩五錢二分五釐全數借撥合計尚不敷銀三十三萬七千六百一十九兩二錢六分三釐已歸入下年分徵收稅銀内撥抵覈辦除遵照扣足四結為一年造具四柱清冊並將各年分應存加平等銀按年逐款一併列冊送部查覈外謹將同治三年分洋稅自第十三結起至第十六結止所有大關及潮州新關徵收支銷各數目恭摺具

奏伏乞

皇太后
皇上聖鑒謹
奏

軍機大臣奉
旨該衙門知道欽此

同治四年五月初九日

八五三　粤海關監督師曾奏折

同治四年份大關潮州新關及各口征收常稅總數（同治四年八月初一日）

粤海關監督奴才師曾跪

奏為常稅一年期滿謹將徵收總數具報仰祈

聖鑒事竊照粤海大關暨各口徵收正雜銀兩向係

常洋不分例於一年期滿先將總數

奏明俟查覈支銷確數另行恭疏具

題分款造冊解部嗣於同治二年十一月間奉部

劄行

奏准將各海關洋稅收支數目均以咸豐十年八

月十七日為始仍按三箇月奏報一次扣足四

結專摺奏銷一次仍從第一結起造具每結四

柱清冊送部查覈毋庸按照關期題銷以清界

八五三 粵海關監督師曾奏折 同治四年份大關潮州新關及各口征收常稅總數(同治四年八月初一日)

劃而免稽延其各關應徵常稅仍令各按關期
照常題銷以符舊制等因業將徵收洋稅數目
按照結期以四結為一年分别按年具
奏其常稅數目遵照仍按關期辦理茲於同治四
年五月間奉部劄行
奏准粵海關常稅既查明每年所徵不過數萬則
例定正額銀四萬三千五百六十四兩應即作
為常稅正額如有虧短著落賠繳按照定例處
分盈餘一項既據奏稱現在豐嗇無常應准其
俟二三年後由兩廣總督會同粵海關監督體
察情形再行定額并請

八五三　粤海關監督師曾奏折

同治四年份大關潮州新關及各口征收常税總數(同治四年八月初一日)

飭下粤海關監督將該關所管各口常税實力稽徵

自同治三年六月二十六日新季開徵起按年

將所收常税一面專摺奏報一面將收支細數

照例具題等因查同治四年分常税前監督毓

清管理任内自三年六月二十六日起至四年

正月二十一日止計六箇月零二十六日大關

徵銀七千四百三十兩二分二釐潮州新關徵

銀一千五百四十四兩一錢八分八釐各口徵

銀一萬六千二兩六錢九分四釐孳接管任内

自四年正月二十二日起至閏五月二十五日

止計五箇月零四日大關徵銀八千九百六十

九兩八錢四分二釐潮州新關徵銀一千七百
一十八兩七錢八釐各口徵銀一萬八千二百
七十五兩六錢三分八釐統計一年兩任大關
潮州新關及各口通共徵銀五萬三千九百四
十一兩九分二釐除徵足正額銅觔水脚銀兩
外計盈餘銀一萬三百七十七兩九分二釐仍
俟查覈文銷確數另行恭疏具
題遵例造冊送部查覈謹將徵收同治四年分常
稅總數恭摺具
奏伏乞
皇太后

皇上聖鑒謹

奏

軍機大臣奉

旨戶部知道欽此

同治四年八月　　初一　　日

八五四　粵海關監督師曾奏折　同治四年份大關并潮州新關洋税收支總數(同治四年十二月十九日)

粵海關監督奴才師曾跪

奏為具報同治四年分洋稅第十七結至第二十
結一年期內大關並潮州新關收支總數仰祈
聖鑒事竊照粵海關每年徵收稅銀向係按照關期
將收支各數分款造報前於同治二年十一月
聞奉部劄行
奏准將各海關洋稅收支數目均以咸豐十年八
月十七日為始仍按三箇月奏報一次扣足四
結專摺奏銷一次仍從第一結起造具每結四
柱清冊送部查覈毋庸按照關期題銷以清界
劃而免稽延其各關應徵常稅仍令各按關期

八五四 粤海關監督師曾奏折

同治四年份大關并潮州新關洋税收支總數(同治四年十二月十九日)

照常題銷以符舊制等因業將同治三年分第十三結至第十六結一年期内收支總數具
奏在案茲查同治四年分自三年九月初一日第十七結起至四年八月十一日第二十結止大關共徵銀六十三萬三千四百八十一兩三分九釐潮州新關共徵銀一十六萬四千六百九十三兩二錢六分九釐二共徵銀七十九萬八千一百七十四兩三錢八釐内除
實録館續行傳辦綾絹共工價銀一萬五百二十七兩八錢二分五釐
國史館傳辦綾疋共工價銀三百一兩七錢循例

撥支普濟院公用銀四萬兩又支銷大關經費
養廉工食等銀三萬九千二百一十九兩四錢
四分三釐解員匯解京餉匯費銀二萬一千五
百二十二兩四錢四分八釐大關稅務司經費
銀一十二萬兩大關津貼經費銀二萬三千七
百三十六兩潮州新關稅務司經費銀三萬一
千二百兩潮州新關津貼經費銀一萬八千二
百八十兩八錢大關火耗銀七千六百一兩七
錢七分二釐潮州新關火耗銀一千九百七十
六兩三錢一分九釐以上十一款共撥支銀三
十一萬四千三百六十六兩三錢七釐尚存循

八五四　粵海關監督師曾奏折　同治四年份大關并潮州新關洋税收支總數(同治四年十二月十九日)

例報解水脚銀一萬一千一十二兩五分九釐
部飯食銀一萬三千三百二十四兩六錢六分
七釐正雜盈餘水脚公用米艇等十五兩加平
銀六千八百五十八兩七錢四分四釐公用米
艇等二十五兩加平銀六千三百七十五兩解
部關税銀四十四萬六千二百三十七兩五錢
三分一釐以上五款共應存銀四十八萬三千
八百八兩一釐查同治四年分解過
定陵工程銀一十二萬兩部庫連加平飯銀共二十萬
八千八百兩廣儲司公用連加平共銀二十三
萬四千兩造辦處米艇連加平共銀三萬一千

二百兩總理各國事務衙門第十七十八十九
結三成船鈔銀八千九百四十四兩七錢四分
又交協成乾號匯解第二十結三成船鈔銀四
千三百四十兩六錢一分廣東省同文館經費
銀五千兩潮州新關撥過潮州防剿軍餉銀六
萬兩英國二成銀一十五萬七百七十七兩九
錢六分二釐法國二成銀一十五萬七百七十
七兩九錢六分二釐税務司第十八十九二十
結一成船鈔銀三千四百四十四兩二錢一分
藩司李福泰借撥潮州新關税銀一萬二千兩
以上十二款共撥解銀九十八萬九千二百八

八五四　粵海關監督師曾奏折
同治四年份大關并潮州新關洋税收支總數(同治四年十二月十九日)

十五兩四錢八分四釐連上年不敷撥解銀三
十三萬七千六百一十九兩二錢六分三釐共
銀一百三十二萬六千九百四兩七錢四分七
釐業將應存銀四十八萬三千八百八兩一釐
抵撥計不敷銀八十四萬三千九十六兩七錢
四分六釐除將各年分應存二成經費並同治
四年分洋藥税半税共銀二十三萬八千五百
九十一兩二錢三分六釐又怡和等行代繳萬
源等行欠項銀二萬七千一兩三分七釐統共
銀二十六萬五千五百九十二兩二錢七分三
釐全數借撥合計尚不敷銀五十七萬七千五

八五四　粤海關監督師曾奏折

同治四年份大關并潮州新關洋税收支總數（同治四年十二月十九日）

百四兩四錢七分三釐伏查奉撥京餉及訓解
廣儲司公用銀兩係屬支放要需
定陵工程餉項尤關緊迫均應陸續籌解而關税近日
仍無起色庫之徵存竭力設法通融措辦並
向銀號籌議墊借歸入下年分徵收税銀内撥
抵毅辦除遵照扣足四結為一年造具四柱清
冊並將各年分應存二成經費等銀按年还款
一併列冊送部查覈外謹將同治四年分洋税
自第十七結起至第二十結止所有大關及潮
州新關徵收支銷各數目恭摺具
奏伏乞

八五四　粵海關監督師曾奏折

同治四年份大關并潮州新關洋税收支總數(同治四年十二月十九日)

皇太后

皇上聖鑒謹

奏

軍機大臣奉

旨該衙門知道欽此

同治四年十二月　十九　日

八五五　福州浙江廣東等各督撫奉上諭

著各直省關口應解内務府銀兩及添撥各鹽課銀兩速解内廷應用(同治五年三月初二日)

軍機大臣　字寄

福州將軍兩江江蘇浙江山東福建湖北廣東

各督撫　傳諭粵海關監督　同治五年三月初

二日奉

上諭前據户部等衙門奏遵議籌撥内務府需用銀

兩除粵海關公用銀三十萬兩仍儘數報解外當

經諭令各直省關口將歷年欠款遵照部議按成

籌解限於三箇月内由各該將軍督撫監督等詳

細覆奏並添撥兩淮鹽課銀三萬兩兩浙鹽課銀

八五五　福州浙江廣東等各督撫奉上諭　著各直省關口應解内務府銀兩及添撥各鹽課銀兩速解内廷應用（同治五年三月初二日）

三萬兩山東鹽課銀三萬兩廣東鹽課銀三萬兩
江海關洋税銀三萬兩閩海關洋税銀三萬兩浙
海甯波口洋税銀三萬兩江漢關洋税銀共三
萬兩臨清關税銀三萬兩福建茶税銀三萬兩該
將軍督撫監督等於開印後陸續解交内務府應
用兹據奏稱各處籌解欠款及添撥等項銀兩至
今尚無一處報解起程而庫存不敷供備請飭户
部暫借銀十萬兩並請飭催各處迅速起解等語
内廷用款關係緊要除飭户部先行借撥庫銀十

八五五　福州浙江廣東等各督撫奉上諭　著各直省關口應解内務府銀兩及添撥各鹽課銀兩速解内廷應用（同治五年三月初二日）

萬兩以應要需外著各該將軍監督懍遵前旨將
款解各款應如何分成帶解之處迅速覆奏其添
撥兩淮兩浙山東廣東鹽課及江海關閩海關浙
海甯波口江漢關洋税臨清關税福建茶税均著
遵限於六月前各將添撥銀數籌解一半統於十
二月掃數解清如敢再事遲延定將各該將軍督
撫監督等從重懲處不稍寬貸其粵海關應解銀三十
萬兩著該監督源源報解毋得延緩干咎將此諭
知福州將軍兩江江蘇浙江山東福建湖北廣東

八五五　福州浙江廣東等各督撫奉上諭

著各直省關口應解内務府銀兩及添撥各鹽課銀兩速解内廷應用(同治五年三月初二日)

各督撫並傳諭粵海關監督知之欽此遵

旨寄信前來

廿来户部

八五六 廣州將軍瑞麟奉上諭著將粵海關積欠廣儲司銀兩設法代解(同治五年四月二十九日)

軍機大臣 字寄

廣州將軍兼署兩廣總督瑞 前署廣東巡撫

郭 廣東巡撫蔣 傳諭粵海關監督師曾

同治五年四月二十九日奉

上諭瑞麟(摘抄交戶部杜)等奏粵海關歷年欠解廣儲司公用銀兩

無款帶解開單呈覽一摺内務府用款支絀經戶

部等衙門議令直省各關口欠數在百萬以外者

貳解五萬貳解八萬自同治五年起每年帶解令

令

粵海關欠解廣儲司公用之款至二百三十餘萬

八五六　廣州將軍瑞麟奉上諭著將粵海關積欠廣儲司銀兩設法代解(同治五年四月二十九日)

兩之多實屬積壓太鉅該督撫監督請暫緩帶解俟一二年後察看關稅徵收稍有起色再行籌補帶解清款惟內務府用款支絀亦屬實在情形著瑞麟等仍遵前旨設法帶解以充公用其葠價帶繳一項亦即酌量解繳毋稍遲誤至數目不符之處著戶部按照單開查覈更正(交戶部　摘抄交總理衙門赴)瑞麟另摺奏酌派大員先赴潮州曉諭紳民等語現在吉瑞馳往潮郡擇傳潮紳到省開導各紳士懵然領悟著責令認真勸導丁日昌現已起程赴粵著俟到粵後妥

八五六　廣州將軍瑞麟奉上諭著將粵海關積欠廣儲司銀兩設法代解（同治五年四月二十九日）

商辦法該署督所奏仍遵前旨航海赴潮無須駐
紮嘉應之處並著體察情形隨時妥協辦理將此（交總理衙門以）
由五百里諭知瑞麟郭嵩燾蔣益澧並傳諭師曾
知之欽此遵
旨寄信前來

摺抄交户部總理衙門

八五七　內閣奉上諭

著廣州將軍瑞麟嚴查粵海關收稅銀數與該關奏報懸殊事（同治五年六月十九日）

同治五年六月十九日內閣奉
上諭前據戶部議覆左宗棠奏粵海關收稅銀數與
該關奏報懸殊請飭該督撫查明辦理一摺當經
諭令瑞麟等查議具奏茲據瑞麟蔣益澧奏稱粵
海關收稅事宜從前曾改隸將軍督撫等官經理
自乾隆十五年以後始專設監督著為成例未易
輕議更張至該關額徵總數從前貨物歸併一口
不及九十萬兩近來五口通商每年征稅總及百
萬兩但能嚴查偷漏隱匿等弊稅務自可日有起

八五七　内閣奉上諭

著廣州將軍瑞麟嚴查粵海關收稅銀數與該關奏報懸殊事(同治五年六月十九日)

色體察目前事勢似不必改由督撫辦理等語所
奏自係實在情形粵海關稅務較緊該監督特膺
簡任宜如何激發天良力圖報効乃家丁朦蔽書
吏侵吞積弊相沿較他處爲尤甚若不極力整頓
涓滴歸公稅務（課）安有起色著該監督嚴行約束力
禁侵漁查明各口收數嚴實清釐不得稍有隱漏
並著該省督撫隨時明查暗訪如仍有書吏家丁
通同舞弊該監督以多報少情事即著據實嚴參
從重懲辦此外各關監督及兼管關稅之督撫均

八五七 内閣奉上諭

著廣州將軍瑞麟嚴查粤海關收税銀數與該關奏報懸殊事(同治五年六月十九日)

須認真稽覈釐剔奬賞毋得仍蹈從前積習稍涉

含混欽此

八五八　粵海關監督師曾奏折

粵海關潮州新關征收同治五年份常稅總數(同治五年七月初二日)

粵海關監督奴才師曾跪

奏為常稅一年期滿謹將徵收總數具報仰祈

聖鑒事竊照粵海大關暨各口徵收正雜銀兩向係

常洋不分例於一年期滿先將總數

奏明俟查覈支銷確數另行恭疏具

題分款造冊解部嗣於同治二年十一月間奉部

劄行

奏准將各海關洋稅收支數目均以咸豐十年八

月十七日為始仍按三箇月奏報一次扣足四

結專摺奏銷一次仍從第一結起造具每結四

柱清冊送部查覈毋庸按照關期題銷以清界

八五八　粵海關監督師曾奏折

粵海關潮州新關征收同治五年份常稅總數(同治五年七月初二日)

劃而免稽延其各關應徵常稅仍令各按關期
照常題銷以符舊制等因業將徵收洋稅數目
按照結期以四結為一年分别按年具
奏其常稅數目遵照仍按關期辦理又於同治四
年五月間奉部劄行
奏准粵海關常稅既查明每年所徵不過數萬則
例定正額銀四萬三千五百六十四兩應即作
為常稅正額如有虧短著落賠繳按照定例處
分盈餘一項既據奏稱現在豐嗇無常應准其
俟二三年後由兩廣總督會同粵海關監督體
察情形再行定額并

八五八　粤海關監督師曾奏折

粤海關潮州新關征收同治五年份常税總數(同治五年七月初二日)

飭下粤海關監督將該關所管各口常税實力稽徵

自同治三年六月二十六日新季開徵起按年

將所收常税一面專摺奏報一面將收支細數

照例具題等因業將徵收同治四年分常税總

數具

奏在案茲查同治五年分常税自四年閏五月二

十六日起至五年五月二十五日止一年期内

大關徵銀一萬七千九百六十七兩九錢九分

二釐潮州新關徵銀三千九百九十兩七錢二

分七釐各口徵銀三萬四千五百五十三兩二

錢二分二釐通共徵銀五萬六千五百一十一

八五八　粵海關監督師曾奏折

粵海關潮州新關征收同治五年份常稅總數(同治五年七月初二日)

兩九錢四分一釐除徵足正額銅觔水脚銀兩
外計盈餘銀一萬二千九百四十七兩九錢四
分一釐仍俟查覈支銷確數另行恭疏具
題遵例造冊送部查覈謹將徵收同治五年分常
稅總數恭摺具
奏伏乞
皇太后
皇上聖鑒謹
奏
軍機大臣奉
旨戶部知道欽此
同治五年七月初二日

八五九　粤海關監督師曾奏折

補報同治元年份粤海關潮州新關收支常税數目(同治六年三月二十二日)

粤海關監督奴才師曾跪

奏為補報同治元年分粤海關收支常税數目恭
摺仰祈
聖鑒事竊照粤海關每年徵收税銀向係按照關期
將收支各數分款造報前於同治二年十一月
間奉部劄行
奏准將各海關洋税收支數目均以咸豐十年八
月十七日為始仍按三箇月奏報一次扣足四
結專摺奏銷一次仍從第一結起造具每結四
柱清冊送部查覈毋庸按照關期題銷以清界
劃而免牽延其各關應徵常税仍令各按關期

八五九 粵海關監督師曾奏折

補報同治元年份粵海關潮州新關收支常稅數目(同治六年三月二十二日)

照常題銷以符舊制等因業經按照四結為一
年將收支洋稅數目具
奏在案茲查同治元年分常稅自咸豐十一年七
月二十六日起至同治元年七月二十五日止
前兩廣總督勞崇光兼署任內計十箇月零七
日前監督毓清回任管理計一箇月零二十三
日統計一年兩任大關共徵銀一萬四千六百
九十八兩四錢八分三釐各口共徵銀四萬五
千五百六十一兩二錢九分一釐潮州新關共
徵銀一千九百九十三兩四錢七分七釐通共
徵銀六萬二千二百五十三兩二錢五分一釐

八五九　粵海關監督師曾奏折

補報同治元年份粵海關潮州新關收支常稅數目(同治六年三月二十二日)

除支銷通關經費及鎔銷折耗等銀二萬四千六百三十九兩二錢四分四釐動支報解水脚銀一千三百六十七兩三錢四分六釐部飯食銀一千二十九兩九錢四分九釐正雜盈餘水脚平餘等十五兩加平共銀五百四十五兩六分六釐以上四款共支銷銀二萬七千五百八十一兩六錢五釐尚存正雜盈餘銀三萬四千六百七十一兩六錢四分六釐循例報解水脚銀一千三百六十七兩三錢四分六釐部飯食銀一千二十九兩九錢四分九釐正雜盈餘水脚平餘等十五兩加平共銀五百四十五兩六

八五九　粵海關監督師曾奏折

補報同治元年份粵海關潮州新關收支常稅數目(同治六年三月二十二日)

分六釐以上四款共存銀三萬七千六百一十
四兩七錢另存平餘銀二百九十八兩七錢六
分八釐統共應存銀三萬七千九百一十二兩
七錢七分五釐業已儘數撥歸同治六年分洋
稅項下彙數報解至遵
旨酌留尾銀解存藩庫一款該年無項可撥合併陳明
謹將同治元年分常稅收支各數恭摺具
奏伏乞
皇太后
皇上聖鑒謹
奏

八五九　粵海關監督師曾奏折

補報同治元年份粵海關潮州新關收支常稅數目(同治六年三月二十二日)

軍機大臣奉

旨户部知道欽此

同治六年三月　二十二　日

八六〇　兩廣總督瑞麟奏折

粵東海口設廠專抽洋藥厘金
（同治八年十月初一日）

奏

瑞麟等粵東海口設廠專抽洋藥釐金由

（一）同治另抄交戶部

十月二十五日

兩廣總督臣瑞
廣東巡撫臣李　跪

奏為粵東海口設立總廠專抽洋藥釐金以資
餉恭摺具陳仰祈
聖鑒事竊照廣東省自軍興以來支用浩繁先後奏於

八六〇　兩廣總督瑞麟奏折

粵東海口設廠專抽洋藥釐金
（同治八年十月初一日）

东江之石龍西江之西南四會後瀝大洲口
馬口北江之蘆包韶州东西關沙西尾等處設立
釐廠抽收鹽貨釐金以助軍餉將有洋藥一項
即在前以各釐卡帶抽另款提存藩庫歲計
不過十萬兩左右歷年比較總無起色推原其
故皆由洋藥發源海口一入腹地則港汊紛
歧奸商私販就蹊偷越防不勝防定須香港
問[illegible]　瑞麟　茲據[illegible]内以洋藥來源在於香
澳[illegible]　沿澳以　附近一帶擬另設廠專抽以免
偷漏語及逼近洋人貿易港澳開辦之初或須

八六〇　兩廣總督瑞麟奏折

粵東海口設廠專抽洋藥釐金

(同治八年十月初一日)

中外和輯，方冀有以隨即遴派文武員弁前往該委員度形勢，即擇新安、香山兩縣屬海口地方分段設廠，以九龍寨為總廠，以汲水門、佛頭洲、沙田渡口、長洲、榕樹灣、拱北灣、前山、石角、閘門九處為分廠，並派撥輪船巡艇常川駐紮梭織巡查，一面出示曉諭商民赴總廠報抽釐金，發給印花印票，後此外經過各處釐卡，祇須驗票放行，免其重徵。自上年夏秋之間試辦抽收以來，華洋人靜謐，商賈帖服，迄今已届一年，除局用巡船經費外，陸續報解釐金共銀

萬六千七百五十餘兩僅抵歷年各厘廠帶抽之
數臣屢次商飭設法廣東布政使王凱泰厘
務總局司道會同詳請
奏咨立案前奉除咨戶部查照外所有設洋
藥籌抽厘金已著成效緣由謹合詞恭摺具
奏伏乞
皇太后
皇上聖鑒謹
奏
同治八年十月二十五日軍機大臣奉

八六〇　兩廣總督瑞麟奏折
粵東海口設廠專抽洋藥厘金
（同治八年十月初一日）

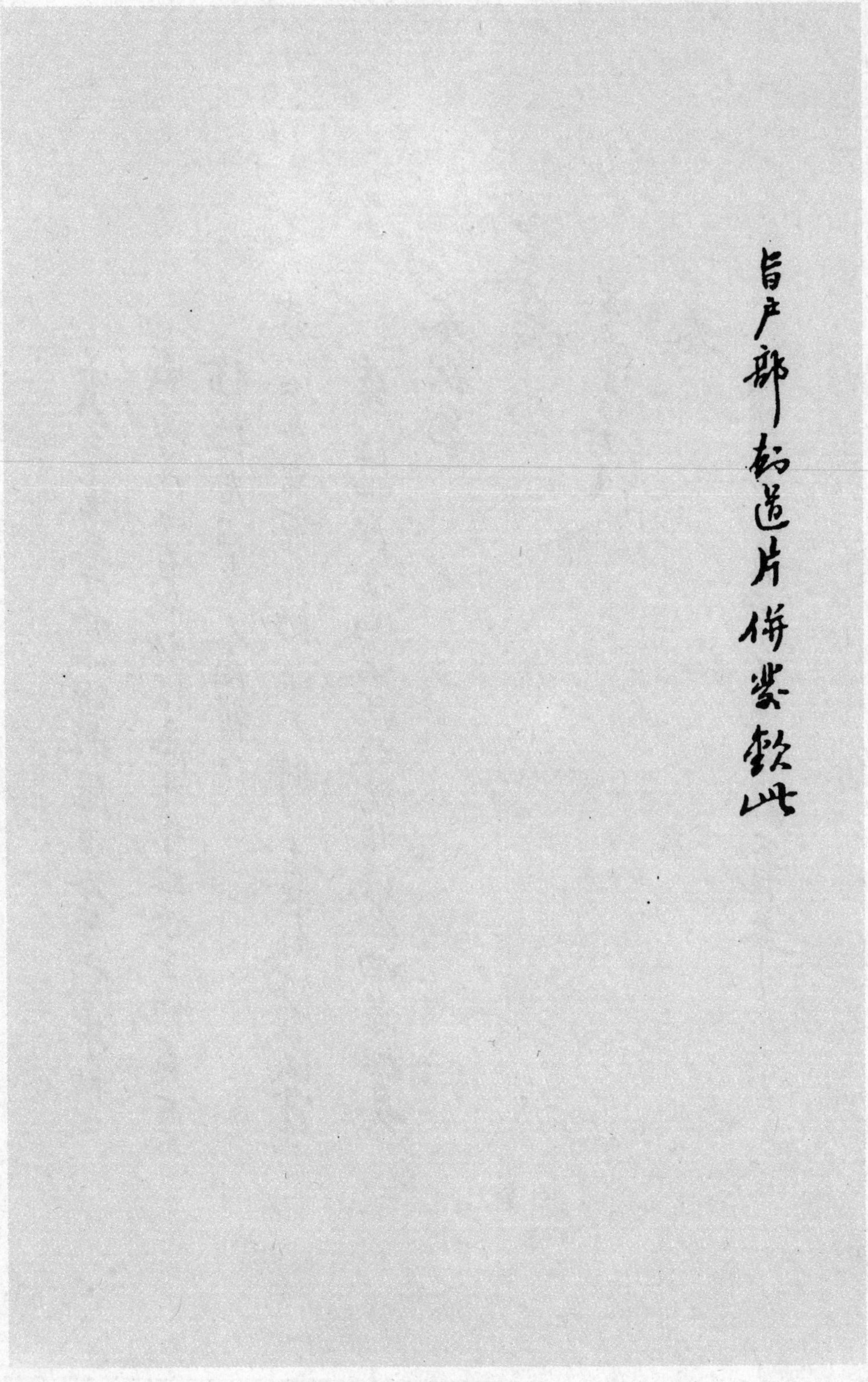
旨户部知道片併發欽此

八六一　署理兩江總督兼署通商大臣張樹聲奏折

華民在澳門被拐出洋由日本橫濱全數帶回(同治十一年十二月十九日)

張樹聲　華民被拐全數帶回由

乙丑兼署通商大臣署兩江總督張樹聲奏為

查接留養內地繕摺具奏

御批該衙門知道

十二年正月初九日

正月初九日

兼署通商大臣署兩江總督臣張樹聲跪

奏為華民被拐出洋仍復全數帶回資遣回籍恭

摺具

奏仰祈

聖鑒事竊查接留養局據蘇松太道沈秉成稟同治

八六一　署理兩江總督兼署通商大臣張樹聲奏折

華民在澳門被拐出洋由日本橫濱全數帶回(同治十一年十二月十九日)

十一年八月十二日日本官鄭永甯來道述及秘魯
國瑪也西船由澳門行抵日本橫濱海口有華人自
船投水經英國兵船官員撈獲划救起詢係被
人拐賣同船華民二百餘人伊恐到秘魯受苦並
以投水由經日本之英國公使知會經日本官將該
船扣留被拐之人皆收上岸緣秘魯係無約之國
遂會同英美兩國領事訊辦並函致鄭永甯詢
商中國官如何辦理速寄回信等語當經前署
通商大臣何璟以秘魯國係無約之國乃私在中
國澳門地方拐人出洋既經日本國扣留保護自應
派員往辦以答鄭永甯而衛民生當即遴委補用同

八六一 署理兩江總督兼署通商大臣張樹聲奏折

華民在澳門被拐出洋由日本橫濱全數帶回(同治十一年十二月十九日)

札候補知縣陳福勳並由道商同上海英美領
事派美繙譯官麥嘉締偕鄭永寧同搭輪船前往日
本相機籌辦去後茲據沈秉成咨稱陳福勳等於本
月二十七日偕到橫濱所有被拐華民已先由日本外
務卿飭據神奈川縣權令大江卓自七月初四日
起節次訊供出有本曾定案華人二百餘名
拘候中國派員帶回其瑪也西船從寬釋放陳福
勳當將華人逐亞路等二百餘名全行查收即搭
輪船從橫濱開行日本外務卿復派領事官品
川忠道沿途照料於九月二十一日到滬由道分飭
上海印委各員將該華民逐一查明籍隸廣東者

八六一　署理兩江總督兼署通商大臣張樹聲奏折

華民在澳門被拐出洋由日本橫濱全數帶回(同治十一年十二月十九日)

一百九十六名福建二十七名湖南江西浙江各一名除
福建湖南等省人數較少酌給路費分交妥員董
帶便送回其籍隸廣東而上海有親族可依者准
保領外尚存廣東人一百八十七名當派委候選通
判劉光康候補知縣黃國華搭坐輪船押
送回粵旋據廣州府看察稱被拐難民均經解到
臣分交各原籍州縣給屬領回一面嚴拏拐匪
懲辦等情亦復據沈秉成以此案辦理完竣會
詳具奏前來臣查此案歷辦情形業經前署通
商大臣何璟隨時咨報總理衙門查照並密咨兩
廣督撫臣轉飭地方官緝拏拐匪訪拏嚴辦在案
惟秘魯國船拐在澳門拐去華民至二百餘人之數

八六一　署理兩江總督兼署通商大臣張樹聲奏折

華民在澳門被拐出洋由日本橫濱全數帶回（同治十一年十二月十九日）

行知日本橫濱地方經該國官截留秘魯船令中
國派員前往悉數帶回實由日本及英美各國認
真襄辦俾該華民得慶生還是該華民在日本留
養多日中國委員未經携資以前一切用度悉係該
國支應迭經委員詢問數目以便歸款日本官均稱
已由本國支銷不須送還出力出貲極敦鄰誼
尤堪嘉尚除飭道將英兵官美總請酌予獎勵
一面備辦綢緞等物分送日本官員以留日思念
外務卿收領並咨明總理各國衙門外所有前
次被拐華民現已全數帶回資遣還籍緣由理合
繕摺具
奏伏乞

八六一 署理兩江總督兼署通商大臣張樹聲奏折

華民在澳門被拐出洋由日本橫濱全數帶回(同治十一年十二月十九日)

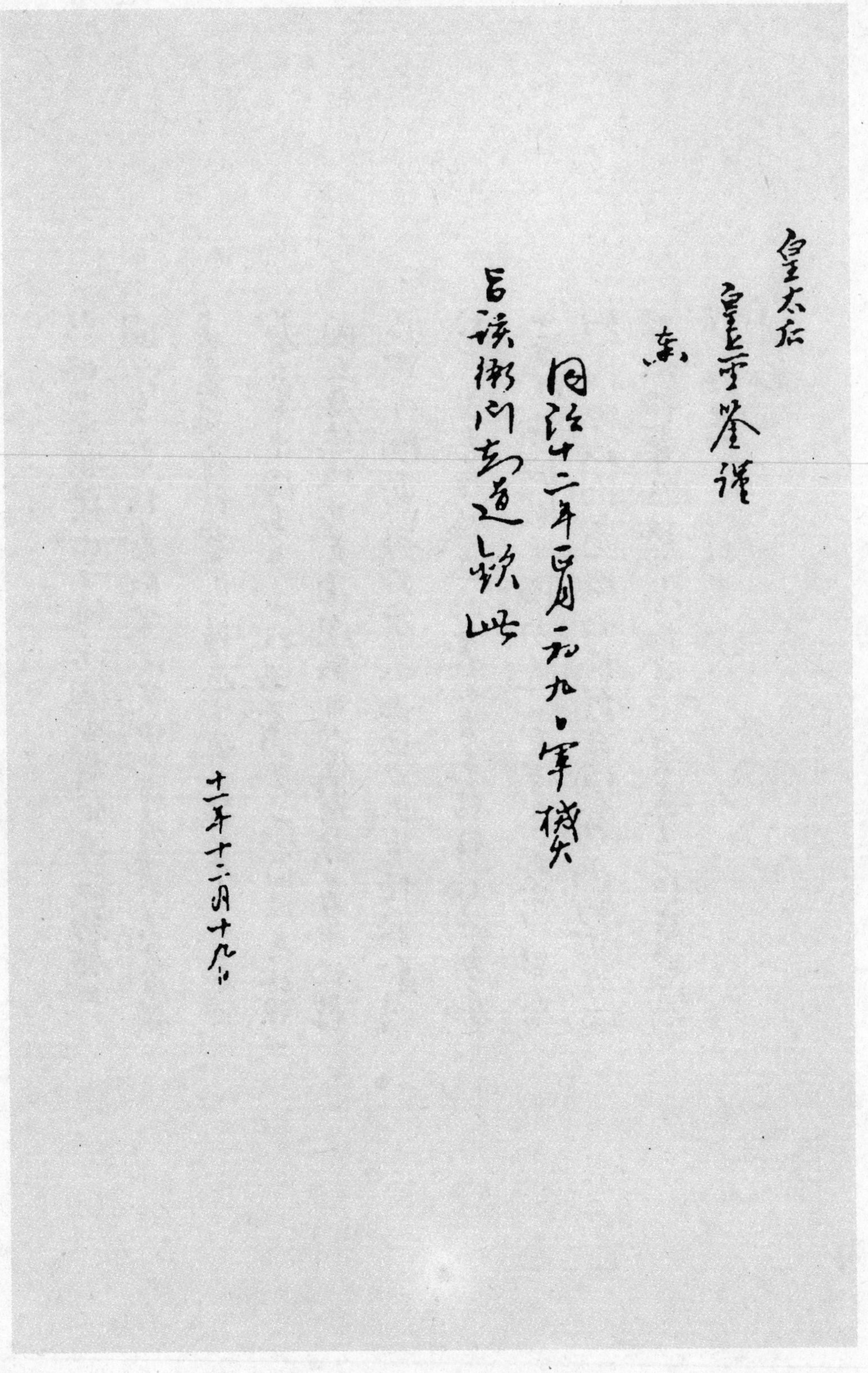

皇太后

皇上聖鑒謹

奏

同治十二年正月二十九日軍機大臣奉

旨該衙門知道欽此

十一年十二月十九日

八六二　葡國欽差大臣澳門總督喏哪略致總理衙門照會　毋得由澳招工出洋(同治十二年十一月初十日)

大西洋[illegible]為

照會事現奉

大西洋國

大君主諭旨通禁毋得由澳招華人往洋雇工等諭欽此今大臣遵即已照所

立在澳招工章程內條款限三個月後毋得復由澳招工往洋係自洋本

年十二月二十七日即華本年十一月初八日起計此後不復有招工之事

矣想此事

貴王大臣聞之當為欣喜而

八六二　葡國欽差大臣澳門總督啫哪略致總理衙門照會

毋得由澳招工出洋(同治十二年十一月初十日)

中國

大皇帝亦當深為

俞悅且應知我

大君主常顧兩國數百年和好歷久不移而更願此後敦篤彌深也為此照

會順頌

辰祺須至照會者

右　照　會

大清總理各國事務　王大臣

八六二　葡國欽差大臣澳門總督啱哪略致總理衙門照會　毋得由澳招工出洋(同治十二年十一月初十日)

同治十二年十一月初十日

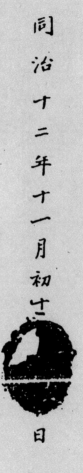

八六三　内務府造辦處奏折　粵海關解到同治十二年冬季金兩遵旨交進（同治朝）

造辦處謹
奏為粵海關解到金兩遵
旨交
進事竊查同治八年十二月二十一日奉
旨傳諭內務府大臣等從九年起粵海關每次呈進
金兩勿庸存外庫交進等因欽此欽遵在案今據
粵海關監督文稱委員解交同治十二年冬季
足金一千兩當經臣等飭知本處司員帶同委
員即將解到原封金兩欽遵
諭旨交

進為此謹

奏

八六三　内務府造辦處奏折

粵海關解到同治十二年冬季金兩遵旨交進(同治朝)